평화가 깃든 밥상 2
반찬편

쉽고 맛있는 문성희의 자연식 반찬 125가지
평화가 깃든 밥상 2 —반찬편

2011년 12월 8일 초판 1쇄 발행. 2021년 2월 23일 초판 7쇄 발행. 문성희가 쓰고 요리를 하였으며, 김승범이 사진을 찍었습니다. 도서출판 샨티에서 이홍용과 박정은이 기획하여 펴내고, 양인숙이 편집을 하였습니다. design Vita와 이근호가 표지 및 본문 디자인을 하였으며, 이강혜가 마케팅을 합니다. 음식을 담은 그릇의 대부분은 도예가 장명희의 작품입니다. 인쇄 및 제본은 상지사에서 하였습니다. 출판사 등록일 및 등록번호는 2003. 2. 11. 제25100-2017-000092, 주소는 서울시 은평구 은평로3길 34-2, 전화는 (02) 3143-6360, 팩스는 (02) 6455-6367, E-MAIL은 shantibooks@naver.com입니다. 이 책의 ISBN은 978-89-91075-73-3 13590이고, 가격은 15,000원입니다.

이 도서의 국립중앙도서관 출판시도서목록(CIP)은 e-CIP홈페이지(http://www.nl.go.kr/ecip)와 국가자료공동목록시스템(http://www.nl.go.kr/kolisnet)에서 이용하실 수 있습니다.(CIP제어번호: CIP2011005218)

쉽고 맛있는 문성희의 자연식 반찬 125가지

평화가 깃든 밥상 2
• 반찬편 •

샨티

차례

	여는 글 _9
자연 재료 준비하기	재료 구입하는 곳 _12 재료 고르는 법 _13 재료 손질하는 법 _15 재료 써는 법 _16 재료 보관하는 법 _18

자연 양념
준비하기
	평화가 깃든 밥상을 만드는 기본 양념 _19
	평화가 깃든 밥상을 만드는 특별 양념 _21
	   오곡가루 _21 약초맛물 _22 산야초 발효액과 오미자 발효액 _23
	   고추기름 _24 발효 겨자장 _25 토마토 농축액 _26
	일러두기 _27

국물

요오드가 듬뿍 든 **버섯 미역국** _34
시원하게 속을 풀어주는 **무 버섯국** _36
노폐물을 해독시키는 **무 구기자국** _38
담백하고 깔끔한 **콩나물국** _39
몸을 따뜻하게 데워주는 **호박잎 된장국** _40
보약 같은 국물맛 **아욱 구기자 된장국** _42
언제 먹어도 좋은 **무청 시래기국** _43
미꾸라지 없는 **두부 추어탕** _44
힐링 수프처럼 뜨끈한 **채소 육개장** _46
쇠고기 전골보다 맛있는 **채소 전골** _48
속까지 시원한 **우동 전골** _50
라면이 먹고 싶을 땐 **김치라면 전골** _51
고기 없이도 감칠맛 나는 **김치찌개** _52
갓 캔 듯한 감자 맛이 살아있는 **감자찌개** _54
뜨끈하게 밥에 비벼 먹는 **두부 고추장찌개** _55
얼큰한 맛이 당길 때 **순두부찌개** _56
단맛과 짠맛이 절묘한 **단호박 된장찌개** _58
깊은 맛이 그리울 때 **김치 청국장** _60
호박잎쌈에 어울리는 **표고 강된장** _61
옛 맛을 담은 매콤함 **가지 냉국** _62

오미자 향이 감도는 **노각 고수 냉국** _64
여름 밥상의 대표 냉국 **오이 미역 냉국** _66
바다 향이 좋은 **토마토 톳 냉국** _67
더위 먹었을 때 특효약 **오이 깻잎 된장 냉국** _68
찰랑찰랑, 식감이 좋은 **우무 새싹 냉국** _69
매실맛이 상큼한 **우무 매실 냉국** _70
해독에 탁월한 **도토리묵 냉국** _72
시원하고 부드러운 **미역 두부 된장 냉국** _73
아삭하고 담백한 맛 **콩나물 두부 냉국** _74

● **자연 요리 알고 만들기 1** 친환경, 유기농 재료 _75

무침 · 볶음

샐러드보다 더 산뜻한 **삼색 묵 무침** _82
애피타이저로 손색없는 **도토리묵 카나페** _84
야들야들, 달콤새콤한 **우무 오이 무침** _86
바람결에도 향이 묻어나는 **더덕 황잣 무침** _88
해초 향과 잣 향의 어울림 **톳 두부 무침** _89
상큼한 미역 향이 감도는 **오이 미역 무침** _90
해독 성분이 많은 **무생채** _92
유자 향이 상큼한 **상추 쑥갓 무침** _93
봄 전령사들의 화려한 만남 **죽순 오이 초무침** _94
지나칠 수 없는 봄나물 **두릅 황잣 무침** _96
풍을 예방하고 치료하는 **방풍나물** _97
달착한 감칠맛 **가죽나물** _98
잡초라고 하기엔 너무나 맛있는 **비름나물** _99
맛있는 밥도둑 **고구마 줄기나물** _100
여름을 이기는 보양 반찬 **머위 줄기나물** _102
부드럽고 달착한 **호박나물** _103
잔칫상에 빠지지 않는 **삼색나물** _104
항산화 물질이 많은 **얼갈이배추나물** _105
입맛 없고 아플 때 좋은 **무나물** _106
엄마 생각이 나는 **가지나물** _107
밥에 비벼 먹으면 일품인 **수박 껍질나물** _108

톡톡 씹히는 맛 **톳 콩나물 무침** _109
손님 초대 반찬으로 좋은 **두부 호박 가지 카나페** _110
고소함에 달착함이 더해진 **말린 애호박나물** _112
쫄깃쫄깃 쇠고기 같은 맛 **말린 가지나물** _113
색과 맛이 고급스러운 **무말랭이 볶음** _114
새콤달콤 깔끔한 맛 **무말랭이 무침** _115
산내음 물씬 풍기는 **다섯 가지 묵나물** _116
바질향이 감도는 **감자 가지 꽈리고추 볶음** _118
토마토소스가 잘 어울리는 **양배추 숙주 볶음** _120
쫄깃하고 구수한 **현미떡 잡채** _122
도시락 반찬으로도 좋은 **유부 양송이 볶음** _124
꼬들꼬들 아삭아삭 **표고버섯 오이 볶음** _126
화사한 색들의 만남 **목이버섯과 파프리카 오이 볶음** _127
특별한 식감이 살아있는 **가지 새송이버섯 볶음** _128
새콤달콤매콤한 **청포묵 무침** _129
향과 맛이 살아있는 **유부 우엉 잡채** _130
최상의 샐러드 **겨자채** _132

● 자연 요리 알고 만들기 2 로컬 푸드와 제철 재료 _133

부침·구이

나른해진 입맛을 살리는 **된장 고추장 장떡** _138
색다른 창작 요리 **콩전** _140
그리운 고향의 맛 **녹두 부침** _142
오곡가루로 빚은 **늙은 호박전** _144
해독과 항암에 좋은 **참송이버섯전과 표고버섯전** _145
스낵처럼 자꾸 손이 가는 **팽이버섯전과 느타리버섯전** _146
고정 관념을 뒤엎는 새로운 맛 **세 가지 묵전** _147
아이들도 좋아하는 **치즈 가지전** _148
봄이 전해주는 고소함 **돌나물 감자전** _150
쫄깃하고 향긋한 맛 **깻잎 감자전** _151
초여름의 향긋한 별미 **가죽나물전과 고춧잎전** _152
밭에서 바로 딴 듯 싱싱한 맛 **고추 호박 감자전** _154
고명으로 고급스러움을 더한 **두부전** _155

품격이 있는 소박함 **새송이버섯 구이** _156
오메가 3와 비타민 C의 만남 **파프리카 구이** _158
눈으로 먼저 맛을 느끼는 **단호박 구이** _160
낯선 만남, 살아있는 상큼함 **애호박 사과 구이** _161
고구마의 재발견 **고구마 소금 구이** _162
패스트 푸드는 넘볼 수 없는 맛 **치즈 감자채 구이** _164
재빨리 만드는 영양식 **양송이 채소 구이** _166

● 자연 요리 알고 만들기 3 자연 요리와 채식 _167

찜·조림

모양, 맛, 영양의 세 박자 **애호박 노각 완두콩찜** _172
강렬한 컬러, 색다른 식감 **비트찜** _174
한 끼 식사로도 충분한 **양배추 롤찜** _176
고기 만두가 부럽지 않은 **배추 만두찜** _178
파프리카가 어울리는 **가지 고추장찜** _180
미네랄이 듬뿍 들어 있는 **미나리 톳나물찜** _181
자연의 맛이 그대로 담긴 **가지 꽈리고추 애호박찜** _182
달달함, 짭조름함, 고소함 **단호박찜** _183
간장만으로 다린 **표고버섯 무찜** _184
산사 음식처럼 정갈한 **두부 감자찜** _185
콩 단백질이 풍부한 **껍질 완두콩과 유부 조림** _186
영양 간식, 별미 반찬 **여름콩 당근 조림** _188
두뇌 발육에 좋은 견과류 반찬 **밤 호두 버섯 조림** _190
유자 향이 감도는 **연근 조림** _192
입맛을 사로잡는 쫄깃한 맛 **말린 도토리묵 조림** _193
장조림의 으뜸 **애송이버섯 꽈리고추 조림** _194
쇠고기 장조림이 부럽지 않은 **말린 버섯 장조림** _196
매력적인 꼬들꼬들함 **콩나물 조림** _197
추억의 도시락 반찬 **서리태 조림과 모듬콩 조림** _198
자꾸자꾸 손이 가는 **땅콩 조림** _200
색이 고와 더 당기는 맛 **메주콩 조림** _201
찬물에 만 보리밥 반찬 **콩장** _202

● 자연 요리 알고 만들기 4 재료의 색깔과 음식 궁합 _203

절임

반찬으로도 디저트로도 좋은 **매실 설탕 절임** _208
만들어두면 쓰임이 많은 **매실 간장 절임** _210
버릴 것이 없는 **수박 참외 절임** _212
소금에 절인 순수한 맛 **가지 오이지** _214
절임의 왕자 **더덕 고추장 절임** _216
산나물 향이 그대로 **가죽 쑥 두릅 고추장 절임** _217
약성이 고스란히 배어 있는 **민들레 고추장 절임** _218
삭힐수록 깊은 향 **명이 원추리 된장 절임** _219
금방 먹어도 맛있는 **엄나무순 된장 절임** _220
생활 습관병 환자에게도 좋은 **오가피 곰취 방풍 간장 절임** _221
약이 되는 밑반찬 **생강 씀바귀 간장 절임** _222

● 자연 요리 알고 만들기 5 껍질과 뿌리, 씨앗의 생명력 _223

김치

아삭아삭 신선한 **총각무 김치** _228
약이 되는 귀리로 담근 **열무 물김치** _230
충무 김밥의 짝꿍 **무비지미** _232
언제 먹어도 상큼한 **오이소박이** _234
소박한 촌색시 같은 맛 **깻잎 김치** _236

● 자연 요리 알고 만들기 6 슬로 푸드의 원조, 발효 양념 _237

유기농 제품을 살 수 있는 곳 _238

여는글

　어느새 《평화가 깃든 밥상》 1권이 세상에 나온 지 두 해가 지났습니다. 두 해 동안 많은 분들이 보여준 관심에 놀랐습니다. "먹는 것이 변하면 삶도 변한다"는 《평화가 깃든 밥상》의 이야기에 많은 분들이 공감하며 호응해 주셨지요. 소박하면서도 기품 있는 밥상을 마주하면서 삶도 단순해지고, 그러면서 육체적으로 정신적으로 많이 자유로워졌다고 하는 분들의 이야기는 이 두 번째 책을 낼 수 있는 큰 힘이 되었습니다.

　첫 번째 책을 기획하면서부터 몇 권의 책을 더 내자고 샨티출판사와 약속했던 일이기도 했고, 《평화가 깃든 밥상》을 만들고 나서는 밥상의 뼈대를 갖추었으니 이제는 살을 붙이는 작업이 필요하다는 생각이 들기도 했지만, 독자님들의 관심과 애정이 없었다면 실천으로 옮기기 힘들었을 것입니다.

　저의 밥상 철학과 가치, 의미를 총정리한 첫 책이 정말 많은 분들의 관심과 성원을 받으면서 그분들과 함께 우리의 밥상 문화를 바꾸고 삶의 태도를 바꾸는 일에 힘을 모았습니다. 세상과 나 자신을 변화시킬 수 있는 참살이(웰빙)를 위해서는 몸과 마음이 좀 더 가벼워져야 하는데, 그러려면 밥상부터 가벼워져야 한다는 걸 함께 실감하게 된 것이지요. 지난 2년 동안 이러한 만남들을 통해서 단순 소박하게 살기를 우리가 얼마나 절실히 원하고 있는지, 참살이를 얼마나 필요로 하고 있는지를 확인하게 되었고, 그러한 삶으로 다가가기 위해서는 징검다리가 필요하다는 생각이 더욱 크게 들었습니다. 그래서 좀 더 다양하고 건강한 매뉴얼과 레시피가 필요했어요.

　우리나라의 밥상 문화는 밥과 반찬이 필수이기 때문에 그 동안 입에 길들여온 수많은 반찬들을 포기하기는 쉬운 일이 아니지요. 그래서 조리법이 단순하고 상차림은 소박하더라도 다양하게 먹을 수 있는 반찬들을 개발할 필요가 있었습니다. 이 책에 실린 것들은 수십 년간 요리하면서 먹고 가르쳐왔던 반찬 조리법을 자연에 가깝게 조리하는 방법으로 개선한 것입니다. 여러 가지 국물요리와 무침·볶음 요리, 부침·구이 요리, 찜·조림 요리, 그리고 절임과 김치까지 우리가 예전부터 먹어왔던, 자연의 맛을 그대로 살린 건강하고 소박한 음식들입니다.

우리네 몸에 맞게 건강하게 만들어진 옛 음식들이 시간이 흐르고 시대가 변하면서 건강하지 못한 양념과 조리법으로 그 맛과 에너지를 잃어가는 것 같아 많이 안타까웠던 것이 사실입니다. 슬로 푸드 운동의 핵심이 토속적인 요리법으로 단순 소박하게 밥상을 차린다는 것인데, 옛날 우리네 밥상이야말로 진정한 슬로 푸드이면서 힐링 음식이요, 웰빙 음식이었지요. 정성이 담겼으되 자연의 생기를 손상하지 않은 옛 할머니들의 손맛이 담긴 시골 자연식 밥상이야말로 글로벌 푸드 스타일이라는 확신이 지난 한 해 저에게 더 커졌습니다.

통곡식으로 만든 거친 밥과 채식은 우리 자신과 세상에 이로움을 줍니다. 복잡하지 않은 요리법은 우리에게 건강과 여유로운 시간을 함께 선사하지요. 그 여유로운 시간을 통해서 자기 자신도 돌아보게 되고, 자신에 대한 이해와 사랑, 존중심도 더 커지게 됩니다. 그렇게 될 때 생명 본래의 자정력과 자기 치유의 힘도 훨씬 강해지지요.

"내가 변하면 세상이 변한다"는 슬로건이 인도의 라자스탄 마운트 아부의 마두반('꿀의 숲'이라는 뜻)에서 시작되어 온 세상을 적시고 있습니다. 우리 자신이 평화로워져 자신의 생명을 더욱 존중하게 되는 것이 곧 세상을 바꾸는 일의 시작이라는 뜻일 겁니다. "건강한 음식을 만들어 먹으면서 치유의 파동을 느낀다"고 이야기하는 사람들이 많은데, 이는 무엇을 어떻게 먹는가에 따라서 나의 삶의 방향이 달라질 수 있다는 뜻이니 내 자신의 변화를 위해서도 내가 먹는 음식은 그만큼 중요하다는 말이겠지요.

이렇듯 삶이 달라지기를 바라는 사람들에게 이 책이 조금이나마 도움이 되기를 바랍니다. 예정보다 출간일이 많이 늦어졌지만, 그만큼 사랑과 노력이 많이 담겨졌으리라 생각합니다. 이미 《평화가 깃든 밥상》 1권 작업을 함께 했던 사진작가 김승범 님과 진행과 편집을 맡은 나무(양인숙) 님, 그리고 간간이 손길을 보태어주었던 은혜 님과 '평화가 깃든 밥상 학교'의 살림푸드 마스터 과정에 있는 학생들의 따뜻하고 다정한 마음이 없었더라면 매우 힘겨웠을 일들이 마치 축제처럼 재밌고 즐거웠습니다. 책을 준비하는 과정 자체가 우리에겐 서로에 대한 이해와 배려는 물론이고 나름대로 푸드 스타일의 감각을 익히고 배우기에 좋은 시간들이었습니다. 작업 과정에서 거칠고 소박한 재료가 가진 순수한 맛에 중독된 승범 님과 나무 님은 촬영을 끝내고 만들어놓은 음식을 먹을 때마다 "와우!! 와우!!" 감탄사를 연발했고, 그러면서 "우리끼리 중독된 거 아냐?" "아니 정말 맛있다니까요"라며 웃고 즐기곤 했습니다. 그 행복했던 마음이 이 책을 펼치는 모든 분들께 전달되기를 바랍니다.

  이 책이 나오도록 지원해 주고 기다려주신 많은 분들과, 《평화가 깃든 밥상》 1권을 통해 만났던 많은 독자들, 특히 살림푸드 마스터 과정의 학생들과 그들을 위해 심도 있는 이론 강의를 해주셨던 여러 선생님들, 쌈지논밭예술학교의 인적·물적 네트워크를 통해 지원을 아끼지 않으셨던 천호균 사장 내외분, 그리고 어려운 출판 여건 속에서도 묵묵한 기다림과 헌신적인 도움으로 좋은 책을 만들어주신 샨티에도 감사드립니다. 책을 소박하고 기품 있게 디자인해 준 디자인 비따와 근호 님, 또 그릇을 지원해 주신 장명희 선생님께도 감사드립니다.

  저에게 이 일을 하도록 허락하신 신께 두 손 모으면서,

  옴 샨티! (우리는 본래 평화로운 존재입니다.)

2011년 가을
문성희

재료 구입하는 곳

요리 재료를 구입할 때 내가 즐겨 이용하는 곳은 생활협동조합입니다. 줄여서 생협이라고 부르기도 하지요. 생협이란 먹거리를 재배하는 생산자와, 이들이 만들어낸 식재료를 식탁으로 가져가는 소비자가 직접 연결된 단체로서 소통과 협력이 활발하게 이루어집니다. 우리나라에서는 20여 년 전에 장일순 선생이 주축이 되어 만든 '한살림'이라는 단체를 시작으로 점차 지역 생협 활동과 연합 생협 활동이 활발해지면서 좋은 먹거리를 구매하기가 쉬워졌습니다. 생협 조합원이 된다는 것은 내 밥상에 올릴 재료를 누가, 어떻게, 어떤 마음으로 농사짓고 재배했는지 알 수 있을 뿐만 아니라, 도시·농촌 네트워크가 활발해질 수 있도록 돕는 것이라는 점에서 우리 모두의 삶의 질을 향상시키는 방법이 됩니다. 생협에 연결된 생산자들은 농작물을 유기농으로 생산하고 있어서 소비자들은 건강한 땅에서 자란 농작물을 믿고 사서 먹을 수 있습니다. 우리 농산물의 경작 과정과 유통 행위에 직접적인 관심을 가지고 관여할 수 있고, 땅을 살리는 생산 활동에 간접적인 기여를 할 수 있기에 생협을 이용하는 것은 여러모로 의미 있는 일입니다.

여러 가지 재료
채소류뿐만 아니라 뽕잎, 다래 순, 아주까리, 곤드레, 무청시래기, 말린 호박, 말린 가지 등의 말린 나물류와, 통밀가루, 메밀가루, 도토리가루, 연근가루, 단호박가루, 수수가루, 쌀부침가루 등 여러 가루류, 그리고 현미유, 현미 식초, 조청, 토마토케첩 등의 양념류도 모두 생협에서 구매한다.

간장과 된장
간장이나 된장을 직접 담그는 잘 아는 농가에서 구입해서 쓴다. 단지 돈을 주고 물건을 사고파는 관계가 아니라 나의 고향을 지켜주고 보살펴주는 데 대한 감사의 마음을 가지고 서로의 역할을 지지해 주는 것이다.

현미와 들깨, 참깨
곡류와 깨 종류는 유기농으로 농사를 짓고 있는 잘 아는 농가에 1년 치를 예약하여 맡겨두었다가 필요할 때마다 공급받으면 좋다. 그 밖의 곡식이나 가루는 생협에서 구매한다.

치자 열매
색이 곱고 많이 쓰이는 치자 열매는 화분이나 텃밭에 직접 심거나, 치자를 심은 이웃에게서 얻어 쓰기도 하고, 생협이나 믿을 수 있는 약재상, 재래 시장의 건어물 가게나 농협에서 구입해서 쓴다.

재료 고르는 법

신선한 채소는 일반적으로 색이 선명하고 잎, 줄기, 뿌리에 수분이 느껴지며 탄력감이 있습니다. 너무 큰 것보다는 작은 듯해 보이는 게 실하며, 토종일수록 작고 통통하지요. 너무 길쭉길쭉하고 질겨 보이는 것은 화학 비료를 많이 준 거라고 보면 됩니다. 유기 비료로 키운 것은 섬유질이 많아도 연한 촉감을 지니고 있습니다. 유기 농산물의 특징은 겉으로는 조금 시들어 보이거나 말라 보여도 쪼개 썰어보면 수분을 머금고 있는 것들이 많다는 점이에요. 관행농의 재료들은 겉으로 보기에는 무성해도 쪼개보면 억세거나 수분이 적거나 말라 있을 때가 많습니다. 조리 과정이 단순한 자연 요리는 재료의 색감이나 향, 맛을 최대한 그대로 살리기 때문에 뭐니뭐니 해도 재료가 가장 중요하다 할 수 있습니다.

배추, 무 배추는 잎이 너무 두꺼운 것은 수분 함량이 많아 싱겁고, 잎이 너무 얇으면 시원한 맛이 부족하다. 짙은 녹색의 겉잎이 많을수록 싱싱하고, 쪼개보았을 때 속이 노랄수록 고소하다. 뿌리에 묻은 흙이 말라 있으면 수확한 지 오래된 것이라 신선도가 떨어진다. 무는 너무 큰 것보다 두 손으로 감쌀 만큼의 크기가 맛있고, 들어보았을 때 속이 빈 듯한 느낌이 들지 않을 만큼 묵직한 게 좋다. 밑동에 녹색이 감돌고 잔뿌리가 적으며 껍질이 말라 있지 않아야 한다. 무가 허영기만 하면 달착한 맛이 부족하다.

감자, 당근 흙이 촉촉하게 붙어 있는 게 수확한 지 오래되지 않은 것이다. 싹이 나지 않은 것, 색이 선명하고 수분이 있어 보이는 것, 크기가 적당한 것이 좋다.

연근, 우엉 껍질을 벗기고 잘 손질해 놓은 것일수록 수확한 지 오래된 것일 확률이 높다. 또한 손질되어 있는 대부분이 물에 담겨 있는 경우가 많은데, 어떤 물에 담갔는지 알 수 없으므로 주의할 필요가 있다. 되도록 껍질째 흙이 묻어 있는 것을 구입하는 것이 좋다. 겉이 말라 있지 않고 촉촉한 느낌이 드는지 살펴보고, 간혹 상인들이 일부러 물을 뿌려둔 것도 있으니 주의한다. 우엉 같은 경우에는 향을 맡아보는 것도 신선도를 확인할 수 있는 방법이다. 말라 있는 경우에는 특유의 우엉 향이 거의 나지 않는다.

양배추 녹색이나 약간 붉은 겉잎이 싱싱하게 감싸고 있고, 크지 않으며, 속이 차 묵직하게 느껴지는 게 좋다.

잎채소 잎이 원형대로 붙어 있고 색이 선명하며, 축 처지거나 시들지 않은 것이 좋다. 시금치는 뿌리가 진한 붉은색이 나고 억세지 않은 게 좋고, 다른 잎채소들도 뿌리가 촉촉하거나 방금 밭에서 뽑은 것처럼 흙이 묻어 있는 게 좋다. 줄기가 억세지 않고, 잎의 녹색이 싱싱해 보이는 것을 고른다.

콩나물 너무 굵고 긴 것은 맛과 생명력이 떨어진다. 알맞게 통통하고 잔뿌리가 적은 것이 좋고, 보기에 연해 보이는 게 좋다.

버섯 전체적으로 촉촉한 것이 좋은데, 그렇다고 너무 습한 것은 생명력이 떨어지고 맛이 싱겁다. 촉촉하면서도 수분이 너무 많이 배지 않은 것이 식감이 좋고 고소하다. 크게 웃자란 것보다 적당히 실하게 자란 것이 좋다. 표고버섯은 갓이 벌어지지 않고 통통하게 오므려져 있는 것, 양송이는 뒤집어보아 갓과 대 사이에 틈이 없는 것이 신선한 것이다.

밤 속껍질을 벗겨낸 손질된 밤보다는 껍질째 있는 생밤이 좋다. 껍질을 벗겨둔 것은 수분이 달아나고, 공기 중에 노출된 시간이 길어서 맛이 떨어진다. 좀 수고스럽더라도 껍질째 있는 그대로를 구입해 손질해서 쓰는 게 좋다. 껍질에 윤기가 도는 것이 싱싱한 것인데, 과일 껍질에 왁스를 발라서 윤기가 나 보이도록 하는 경우도 있으니 세심한 주의가 필요하다. 토종일수록 작고 통통하며 달다.

땅콩, 호두, 잣 단백질, 무기질, 불포화 지방산이 많은 견과류의 대표격인 땅콩과 호두. 잣은 공기 중에서 산패가 잘되기 때문에 되도록 겉껍질째 구입하고 냉장 보관하는 것이 좋다. 유통 거리가 긴 수입산이나 오래된 것은 쩐내가 나고 소화에 좋지 않으므로 먹지 않는 게 좋다. 겉껍질이 있는 호두와 땅콩은 먹을 때마다 쪼개서 먹는 게 좋다. 잣도 껍질이 있는 황잣이 산화가 덜 된다.

자연 재료 준비하기

재료 손질하는 법

재료를 잘 선택하는 것 다음으로 중요한 것이 재료 손질입니다. 채소는 물에 씻기 전에 다듬어야 정갈한 음식을 만들 수 있고, 일의 양도 줄일 수 있어요. 바쁘다고 덥석 물에 담근 다음 쩐 잎이나 상한 뿌리를 손질하려면 일만 더 많아집니다. 채소의 뿌리에 흙이 많이 묻어 있으면 신문지를 깔고 흙을 털어낸 다음 뿌리를 다듬거나 쪼갭니다. 특히 배추나 시금치, 냉이, 쑥 등의 산나물, 들나물은 씻기 전에 먼저 뿌리를 잘 다듬는 것만으로도 조리 시간의 반을 줄일 수 있어요. 뿌리채소를 손질할 때는 싹튼 부분이 있는지 잘 살펴보고, 있다면 싹을 도려내야 합니다. 싹에는 소화가 잘 안 되거나 분해가 잘 안 되는 약한 독성이 있는 경우가 많기 때문입니다. 재료를 잘 다듬었다면, 큰 양푼에 물을 넉넉하게 받아서 손질한 재료를 넣고 흔들어 씻은 다음 흐르는 물에 잘 헹구어줘야 합니다. 흙이 말라 잘 안 씻어질 때에는 차가운 물에 10분 정도 담갔다가 전용 수세미로 살살 문질러줘도 좋습니다.

콩나물, 숙주 씻기 전에 한 번 털어서 껍질과 잔뿌리가 떨어져 나가도록 하면 깨끗이 씻어진다. 뿌리째 먹는 것이 좋지만, 누렇게 상한 뿌리가 있으면 그 부분만 떼어내는 것도 방법이다.

녹색 채소 먼저 뿌리나 잎에 묻은 흙을 털어낸 다음 굵은 뿌리는 쪼개서 다듬고, 시든 잎이나 누렇게 찌든 잎은 떼어낸 뒤 흐르는 물에 씻는다. 줄기와 잎의 단단한 정도가 많이 차이나면 따로 떼어놓고, 데칠 때도 줄기부터 넣고 잎은 나중에 넣어야 둘 다 익는 정도가 비슷해진다.

밤 모든 채소의 껍질에는 항산화물질 등의 많은 영양 성분이 들어 있다. 밤의 속껍질 또한 위장을 튼튼히 하고 해독 작용을 하는 좋은 성분이 다량 함유되어 있으니 다 벗겨내지 않는다. 스트라이프 모양으로 손질해 주면 껍질을 적당량 먹을 수 있고, 보기에도 좋다.

버섯 대부분의 버섯이 깨끗하게 자라므로 씻지 않아도 되는데, 꺼림칙하면 체에 담아 흐르는 물에 가볍게 씻어낸다. 이물질이 묻어 있을 땐 떼어내고, 볶음 요리에 이용할 때는 수분을 많이 머금으면 물컹거려서 맛이 없어지므로 깨끗한 행주로 닦아내는 정도로만 손질하는 게 좋다. 팽이버섯과 느타리버섯은 씻지 않는 것이 식감을 좋게 한다.

재료 써는 법

재료들을 씻다가, 썰다가, 익히다가 하는 식으로 두서없이 일을 섞지 말고, 씻을 땐 모든 재료를 함께 씻고, 썰 땐 모든 재료를 다 썰어 요리할 순서대로 각각 큰 접시에 담아놓으면 일이 훨씬 수월해집니다. 만드는 음식에 따라 써는 방법이 다 다른데, 크기나 모양이 일정해야 정갈합니다. 곱고 가늘게 썰어야 하는 게 있고, 큼직하게 썰어야 먹음직스러워 보이는 게 있어요. 칼질을 하기 전에 어떻게 썰어야 할지를 잘 가늠하여 썰되, 큰 접시를 준비해서 종류별로 가지런히 담은 뒤 조리하면 쉽고 즐겁게 할 수 있습니다. 색이 짙은 채소는 색이 엷은 채소보다 크기와 양을 적게 해야 완성된 음식이 조화롭습니다.

결대로 썰기
기본적으로 채소는 결대로 썰어야 재료가 지닌 생명 에너지가 고스란히 살아있게 된다. 또한 결대로 썰면 썬 모양이 일정하게 되어 보기에도 정갈하다.

채 썰기와 손 모양
채를 썰 때 손톱을 칼 끝에 대고 써는 경우가 많은데, 그러면 다칠 위험이 있고, 숙련된 칼놀림을 하기 어렵다. 손톱은 안으로 살짝 굽히고 손가락 마디 살이 칼 면에 닿게 하면서 썰어야 안정되게 썰 수 있다.

양배추
결대로 썰기(왼쪽), 채 썰기(오른쪽)

자연 재료 준비하기

사과
결대로 썰기(왼쪽), 채 썰기(오른쪽)

청양 고추
반 갈라서 가늘게 채 썰기(왼쪽), 다지기(오른쪽)

표고버섯
저미기(왼쪽), 저민 모양(오른쪽 위), 버섯대 가늘게 찢기(오른쪽 아래)

무
굵은 채, 중간 채, 가는 채, 나박 썰기, 깍둑 썰기(위 왼쪽부터)

오이
채 썰기, 눈썹 썰기, 골패 썰기, 동글 썰기(왼쪽부터)

재료 보관하는 법

신선한 재료가 중요한 자연식 밥상에서는 많은 재료를 한꺼번에 구입하지 않고 그때그때 필요한 만큼 장을 봐서 준비하는 게 좋아요. 그래도 쓰다 남은 토막 채소가 있다면 밀폐 용기에 담아두고, 흙이 묻어 있는 잎채소나 뿌리채소는 신문지에 말아서 보관합니다. 상대적으로 여러 가지 곡물이나 가루류, 말린 채소, 견과류 등은 오래 보관하게 되는데, 이러한 것들은 습하지 않은 곳이나 냉장, 냉동 보관하는 것이 좋습니다. 냉장고에 보관할 때는 투명한 용기에 넣어 무슨 재료가 들어 있는지 한눈에 볼 수 있도록 합니다. 이름표를 붙여놓아도 좋지요. 무엇보다 중요한 것은 날씬한 냉장고를 만드는 겁니다. 먹을 만큼, 필요한 재료들만 적정량 보관하는 거지요. 아예 작은 냉장고를 구비하는 것도 좋은 방법일 거예요. 많이 저장하지 않고, 되도록이면 저장하지 않은 신선한 먹거리로 즉시즉시 조리하는 게 가장 좋은 방법이니까요.

말린 가루, 말린 산나물, 가공품
말린 가루나 재료들은 굳이 냉장고에 넣지 않아도 된다. 습하지만 않다면 싱크대 찬장이나 재료 수납 선반에 가루, 곡물, 말린 식품, 가공품 등 종류별로 담아서 수납하면 찾기도 쉽다.

은행, 대추, 팥, 오곡가루
상하기 쉬운 과실이나 곡류는 냉동 보관해서 쓰는 게 좋다. 습하지 않은 곳에 둔다고 해도 벌레가 생기기 쉬우니, 잘 밀봉하여 냉동실에 넣어두고 필요할 때마다 꺼내 쓴다.

채소들
남은 채소들은 냉장고의 채소 보관함에 두는데, 오래 두어야 할 만큼 많이 남았을 때는 종이에 싸서 보관하면 건조해지는 것을 막고 오래 보관할 수 있다. 그래도 재료가 남았을 때는 추려서 된장과 산야초 발효액을 섞은 양념에 묻어 넣어서 장아찌를 만들거나 간장, 식초, 원당을 끓여 부어 장김치를 만들어두면 요긴하게 쓸 수 있다. (장김치 만드는 법에 대해서는 《평화가 깃든 밥상》 1권, 205쪽 참조)

자연 양념 준비하기

평화가 깃든 밥상을 만드는 기본 양념

재료가 가진 본래의 맛을 즐기는 자연식 밥상에서는 그다지 많은 양념이 필요치 않습니다. 우리가 평소에 쓰는 일반적인 기본 양념만으로도 맛있는 자연식 밥상을 차릴 수 있어요. 채소나 나물이 가진 향을 살리려면 진한 향신료는 오히려 방해가 될 수 있습니다. 미각을 살리기 위해선 기름 양마저도 최소화하는 게 좋습니다. '평화가 깃든 밥상'에서는 가공을 최소화하고 맛과 향을 어지럽히지 않을 만큼의 양념을 사용하되, 오랫동안 먹어와서 우리 몸에 잘 맞고 우리 땅에서 잘 자라는 허브(우리나라의 약용 식물)를 애용합니다. 발효 문화의 종주국답게 발효 양념을 즐겨 사용하기도 해요. 간장, 된장, 고추장, 식초, 산야초나 오미자 발효액은 유익한 미생물의 보고라고 할 정도로 좋은 슬로 푸드 양념입니다. 또 볶지 않은 참깨와 들깨로 만든 생참기름과 생들기름은 맛과 향이 뛰어나 음식의 풍미를 더욱 살려주는 중요한 양념이에요.

소금
김치를 담글 때 절이는 용도로는 간수를 뺀 천일염을 사용하고, 그 밖에는 장작 가마에서 도자기 구울 때 함께 구운 도자기 소금을 쓴다. 도자기 소금은 고온에서 구워 불순물을 제거한 소금으로, 음식 맛을 가장 좋게 하는 소금 중 하나이다. 이 책에서 소금이라고 한 것은 모두 도자기 소금을 가리킨다.

유기농 설탕, 원당
원당은 사탕수수를 농축시킨 것으로 설탕으로 가공하기 전의 상태를 말하는데, 미네랄이 많아서 몸에 좋고, 맛도 깊어서 볶음 요리나 조림에 사용한다. 우리나라에서는 사탕수수가 재배되지 않으므로 수입산밖에 없다. 생협에서 마스코바도, 파넬라라는 이름으로 판매되고 있다. 맑은 맛을 내야 하는 요리를 할 때는 유기농 설탕을 쓰고, 원당은 주로 유자청을 담그거나 오미자나 매실 발효액을 만들 때 사용한다.

꿀, 조청
엿기름에 삭혀서 졸인 현미 조청이나 오곡 조청은 음식의 풍미를 더해주는 아주 요긴한 양념이다. 효모가 많아서 건강에도 좋다. 신선한 샐러드 드레싱에는 꿀을 사용하지만, 조림이나 무침 등의 단맛을 낼 때는 조청을 더 많이 쓴다.

자연 양념 준비하기

된장, 고추장, 식초, 간장
간장과 된장, 고추장은 아는 농가에서 정성스럽게 재래식으로 담근 것을 사다 쓰는 게 좋다. 재래식 간장은 짜지 않고 감칠맛이 있어 어떤 요리에도 잘 어우러진다. 국물 요리 외에도 나물 무침, 조림, 드레싱에도 두루 쓰인다. 된장은 짜지 않고 깊고 구수한 맛이 나야 슴슴하게 국을 끓여도 맛있다. 고추장은 너무 짜거나 달지 않고, 되지도 묽지도 않은 적당한 농도가 좋다. 고추장 특유의 텁텁한 맛 때문에 많이 사용하지는 않고, 찌개나 드레싱에 가끔 사용한다. 식초는 종류가 무척 많지만, 가격도 싸고 맛도 순한 현미 식초를 애용한다. 감식초도 좋은데 감식초는 조리용 양념보다는 음료로 더 좋다.

들기름, 참기름, 현미유
식물성 기름에는 불포화 지방산이 많아 습관성 질환의 예방이나 면역력을 높여주는 먹거리로 아주 좋다. 씨눈이 살아있는 열매의 배아유에는 비타민 B군과 복합 비타민, 미네랄도 많이 들어 있다. 재료를 볶아서 짜는 기름은 산화 속도도 빠르고, 맛도 생기름보다 못하다. 볶지 않고 짜면 기름 양이 조금 적게 나오기 때문에 비용 면에서는 약간 비쌀 수 있다. 비싼 참깨는 볶아서 짠 기름을 이용하고, 조금 저렴한 들깨는 생기름으로 짜서 먹으면 부담을 줄일 수 있다. 들깨는 항산화, 항암, 항염 효과가 좋은 오메가 3가 가장 많은 식품으로 향과 맛도 뛰어나 생기름으로 짜서 요리에 많이 쓰는 편인데, 건강에도 좋고 맛도 좋은 훌륭한 양념 중 하나이다. 냉장 보관해 두고 쓰면 좋다. 여러 요리에 사용하는 베이스 기름으로는 올리브유나 포도씨유, 카놀라유보다 우리 땅에서 자란 현미 배아로 짠 현미유를 주로 애용한다. 가격도 저렴하면서 다양한 요리에 잘 어울린다.

향신료
산초나 강황(카레)가루, 겨자가루, 생강, 후추, 바질, 로즈마리, 피클링 스파이스 등을 쓴다. 특유의 향이 맛의 풍미를 잘 살려주고 몸을 따뜻하게 해주며, 여러 가지 좋은 에너지들을 활성화시킨다.

참깨, 들깨
참깨와 들깨를 고루 사용하지만, 오메가 3와 불포화 지방산이 많고, 값이 싼 들깨를 주로 쓰는 편이다. 들깨를 잘 씻어 말린 다음 냉동 보관해서 필요할 때마다 꺼내 쓰는데, 껍질째 분쇄기에 갈아서 쓰면 고소한 맛과 신선한 향이 음식 맛을 살려준다.

평화가 깃든 밥상을 만드는 특별 양념

음식에 평화로운 파동이 들어가게 하려면 음식을 만지는 사람의 마음과 태도가 차분해야 함은 물론이고, 음식을 만드는 부엌이 깨끗하게 정돈되어 있어야 해요. 그 다음엔 음식을 만드는 재료의 순수성인데, 강하고 센 재료나 양념은 기운을 차분하게 유지시켜 주기보다는 흩뜨릴 수 있으므로 은은한 향이 감도는 약초를 많이 쓰는 편이에요. 우리나라 약초는 서양 말로 하면 허브인데, 이 약초들은 대부분 피를 맑게 하고 몸 속 에너지를 잘 흐르게 해주는 성분이 있어서 면역력을 높여줍니다. '평화가 깃든 밥상'에서는 성질이 온순한 약초들을 적당히 섞어서 맛물로도 쓰고, 설탕 시럽을 넣어 장시간 발효해서 단맛 내는 양념으로도 씁니다. 또 이에 못지않게 다양하게 쓰는 양념이 현미 찹쌀가루와 보리, 수수, 차조, 기장을 섞어 만든 오곡가루예요. 맛과 색을 위해 고추기름을 간혹 만들어 쓰기도 합니다. 톡 쏘면서도 개운한 매운 맛을 내는 겨자는 해독 성질이 강해서 즐겨 사용하는 양념으로, 맛도 특별합니다. 토마토 농축액은 토마토가 많이 나는 여름에 잘 익은 것을 골라서 병졸임해 두거나 냉동 보관해서 필요할 때마다 꺼내 씁니다.

오곡가루

오곡가루를 준비해 두면 무척 다양하고 요긴하게 쓸 수 있다. 김치 담글 때 약초맛물에 풀어 넣고 풀을 쑤어 양념으로도 쓸 수 있고, 호떡이나 부꾸미로 구워 간식으로도 먹을 수 있다. 미역국에 옹심이로 만들어 넣기도 하고, 떡도 빚고, 감자 전분 대신 찜을 엉기게 하는 재료로도 쓴다.

만드는 법

1. 오곡을 현미찹쌀 4 : 찰수수 1 : 차조 1 : 기장 1 : 찰보리 1의 비율로 섞어서 잘 씻어 하룻밤 불렸다가 건져낸 다음 물기가 빠지면 방앗간에 가지고 가서 빻는다.
2. 빻아오면 재빨리 풀어 헤쳐 식힌 다음 조금씩 봉지에 담아 냉동 보관하여 필요할 때마다 꺼내 쓴다. 식힐 때를 놓치면 쉴 수가 있으니 주의해야 한다.

자연 양념 준비하기

약초맛물

약초맛물은 몸의 순환을 좋게 하는 약재로 만들어 몸의 생기를 돋우고 면역력을 높여준다. 약재라기보다는 들에서 흔히 볼 수 있는 초재들인데, 민간에서는 약으로도 쓰는 오가피, 감초, 구기자, 황기, 당귀, 칡뿌리, 유근피, 둥글레 등이 약초맛물의 주재료로 쓰인다. 이 재료들은 혈행을 개선하고 해독 작용과 몸을 따뜻하게 해주는 성질을 가지고 있다. 화학 첨가물에 노출된 식습관에서 쌓인 몸 속 노폐물을 씻어주고 순환을 도와주는 식재료로서, 구수하고 달착한 맛을 지닌 몸에 좋은 재료들이다. 생협이나 농협에서 쉽게 구할 수 있는데, 당귀처럼 향이 강한 재료는 잘게 썬 것을 한두 개씩만 넣어주고, 둥글레처럼 맛과 향이 부드러운 재료는 다른 재료보다 많이 써도 괜찮다.

이 재료들을 80g 정도의 양으로 적당히 섞은 뒤 5ℓ의 물을 부어 끓인다. 끓기 시작해 15~20분 정도면 맛있는 맛물이 완성된다. 지나치게 오래 끓이면 약맛이 많이 나기 때문에 옅은 보리차 정도의 빛깔과 맛이 나게 끓이는 게 좋다. 3~4회까지 재탕할 수 있는데, 한 번 끓여낸 약재를 건져서 냉동실에 두었다가 필요할 때 다시 넣고 끓이면 된다. 샤브샤브 국물이나 국, 찌개 국물로도 활용할 수 있고, 김치 담글 때 이 맛물을 넣으면 김치 맛이 시원해진다. 또 밥물로 쓰면 밥맛이 좋고, 오래 놔두어도 밥이 빨리 쉬지 않는다. 물처럼, 차처럼 마셔도 구수하고 맛있다.

모든 재료가 없을 때는 둥글레나 오가피, 구기자, 황기 등 혼자서도 약초맛물 역할을 하는 재료 한두 가지만 넣고 끓여도 되며, 보리차나 결명자차로 맛물을 대신할 수도 있다.

만드는 법
1. 재료를 한 번 헹구어낸 뒤 5ℓ의 물과 함께 냄비에 넣고 끓인다.
2. 끓기 시작해서 15~20분 정도 끓여 완성한다. 3~4회 재탕할 수 있다.

자연 양념 준비하기

산야초 발효액과 오미자 발효액

양념장을 만들거나 소스를 만들 때 필수적인 양념으로, 다른 양념으로는 흉내낼 수 없는 특유의 맛과 향이 있다. 대사 작용과 노폐물 분해 작용이 뛰어나 음식의 약성을 높여주는 특별한 양념이다. 생협에서 구입할 수도 있지만 비싼 편이니 직접 담가서 다양하게 활용하면 좋다.

발효액 만드는 법   말린 산야초 1kg, 원당 10kg / 말린 오미자 1kg, 유기농 설탕 10kg

1. 말린 산야초나 말린 오미자를 항아리에 넣고, 산야초는 원당으로, 오미자는 유기농 설탕으로 시럽을 만들어 뜨거울 때 붓는다.
2. 아침 햇볕이 좋고 바람이 잘 통하는 곳에 보관하면서 처음 2주까지는 매일 저어준다. 그 후에는 가끔씩 저어주면서 잘 숙성하는지 관심을 가지고 보살펴준다. 곰팡이가 피었을 때는 걷어내고 잘 저어주면서 더욱 관심을 가지고 살펴봐 준다. 당도가 부족하거나 원재료가 깨끗이 마르지 못했을 때 곰팡이가 생길 수도 있다. 보살펴줘도 곰팡이가 계속 생길 때는 원재료를 걸러내고 액만 따로 보관, 숙성시킨다.
3. 산야초는 6개월 정도 숙성시키는 게 좋고, 오미자는 3개월 정도만 숙성시키면 된다.
4. 걸러낸 발효액은 실온에서 보관하는 것이 좋고, 당도가 부족할 땐 냉장 보관이 좋다.
5. 걸러낸 약재에다 처음 시럽 양의 1/2 정도만 시럽을 만들어 부어 다시 발효시킬 수 있다.

시럽 만드는 법

1. 산야초 재료 1kg에 원당 10kg이 필요하므로, 원당 10kg을 모두 시럽으로 만들어야 한다. 원당 3kg당 물 5ℓ의 비율이 가장 정확하다. 따라서 10kg의 원당에는 16.5ℓ의 물이 필요하다. 냄비가 작을 때는 여러 번 나누어서 시럽을 만들어 붓는다.
2. 불에 올리기 전에 적당히 저어준 다음 불에 올린다. 불에 올린 후에는 젓지 않는다는 것에 주의한다.(불에 올리고 저으면 시럽이 딱딱해진다.) 계속 센불에서 끓여도 좋고, 원당이 끓어 많이 튄다면 중간불로 줄여도 된다.
3. 원당 섞인 전체 물의 양이 처음 양의 2/3가 될 때까지 졸여준다.
4. 오미자용 시럽은 유기농 설탕 10kg을 같은 방법으로 만들면 된다.

자연 양념 준비하기

고추기름

고추기름은 채식하기 전에 먹었던 음식들의 풍미를 느끼게 해주는 양념이다. 루비처럼 고운 색과 구수한 향이 구미를 돋워준다. 하지만 한 번 달군 기름이라서 산패가 잘되기 때문에 꼭 먹을 양만큼만 만드는 게 좋다. 그래도 조금 남게 되면 냉장 보관하여 되도록 빠른 시일 안에 사용한다. 소스를 만들거나 볶음 요리를 할 때 요긴하게 쓰인다.

만드는 법

1. 현미유 1컵과 고춧가루 1큰술을 준비한다.
2. 불 올린 프라이팬에 현미유 1컵을 넣는다. 고춧가루를 조금 떨어뜨려 보아 고춧가루가 살짝 끓기 시작하면 적당한 온도다. 이때 고춧가루 1큰술을 넣는다.
3. 기름이 한 번 끓어오르면 숟가락으로 1~2회 휙 저어주고 바로 불을 끈다. 고춧가루가 쉽게 탈 수 있으니 즉시 불 끄는 데 유의한다.
4. 커피 필터 종이를 사용해 기름을 걸러낸다.

발효 겨자장

겨자는 갓의 씨앗을 가루 낸 것인데 몸을 덥혀주고 염증을 삭혀주는 약성을 갖고 있다. 우리나라에서는 조선 중엽에 고춧가루가 들어오기 전부터 김치를 담글 때도 즐겨 이용했을 정도로 익숙한 양념이다. 장김치를 담글 때는 가루 그대로 사용하기도 하지만, 대체로 물에 개어서 사용한다. 겨자장 갠 것이 남았을 때는 일주일 정도 냉장 보관이 가능하다.

만드는 법

1. 작은 용기에 겨자가루를 넣고 물을 조금 넣어 겨자가 그릇에 붙어 있을 정도로 되직하게 갠다.
2. 끓는 냄비 뚜껑 위에 용기를 엎어 5~10분 정도 발효시킨다.
3. 발효시킨 후 잔맛과 독성을 없애주기 위해 뜨거운 물을 붓는다.
4. 5분 후 물을 따라내어 겨자장을 완성한다.

자연 양념 준비하기

토마토 농축액

잘 익은 토마토를 잘게 썰어서 짓눌러주면서 끓인다. 처음엔 센불에서 시작해 끓기 시작하면 불을 낮추어서 중간불에서 졸이는데, 눌지 않도록 나무 주걱으로 잘 저어주어야 한다. 토마토의 수분이 충분히 날아가고 과육이 농축되면 병에 넣어 냉장 보관한다. 요리할 때 간장, 조청, 생강가루를 조금씩 보태 토마토소스를 만들어 사용한다. 피자소스, 파스타소스, 샐러드 드레싱, 일반적인 소스 등의 양념으로 쓰인다. 양이 많아서 오래 보관해야 할 때는 병조림해 두면 실온에서도 1년 이상 두고 먹을 수 있다. 먼저 병을 끓는 물에 소독한 다음 농축한 토마토를 넣고 뚜껑을 닫아서 병을 거꾸로 세워 끓는 물에 5분 가량 다시 한 번 열탕 처리하면 된다. 사용하고 남은 농축액은 따로 냉장 보관해야 한다. 토마토 농축액을 만들 수 없을 땐 유기농 가게에서 판매하는 퓨레나 케첩을 대신 이용할 수 있다.

만드는 법
1. 토마토를 잘게 썰어 냄비에 넣고, 짓눌러주면서 끓인다.
2. 타지 않게 잘 저어준다.
3. 약불~중간불에서 약 1시간 정도 졸여 완성한다.

일러두기

*이 책에서 소개하는 요리는 4인분 기준입니다.
*이 책에서는 다음과 같은 계량 단위를 사용합니다.

숟가락으로 재기

1작은술 : 5cc 계량스푼이나 찻숟가락에 재료를 평평하게 담은 모양
1큰술 : 20cc 계량스푼이나 밥숟가락에 재료를 평평하게 담은 모양
수북이 1큰술 : 20cc 계량스푼이나 밥숟가락에 재료를 수북이 퍼서 담은 모양

소금 1작은술   소금 1큰술   소금 수북이 1큰술
식초 1큰술   된장 1큰술   된장 수북이 1큰술

손으로 재기

1줌 : 손으로 재료를 가볍게 움켜쥔 모양

콩나물 1줌   시금치 1줌   불린 쌀 1줌

컵으로 재기

물 1컵 : 종이컵 1컵 = 계량컵 1컵 (200cc)

종이컵 1컵   계량컵 1컵(200cc)

재료 1인분 계량하기

각 재료마다 한 사람이 먹을 분량을 재서 계량하는 방법. 예를 들어 여러 가지 채소가 들어가는 채소 볶음 요리를 할 때 각 채소들을 한 사람이 얼만큼 먹을까를 측정해서 계량하는 것. 이렇게 하면 거의 정확하게 계량할 수 있다. 요리의 양과 특성에 따라 한 사람이 먹을 분량이 달라지기도 하므로 요리에 맞춰 측정하면 된다.

한 요리에서 각 재료들의 1인분 분량

국물

그 어떤 고정적인 틀에 얽매이지만 않는다면, 무궁무진한 자신만의 레시피를 가질 수 있습니다. 그래서 요리 수업을 하는 내내 "레시피를 믿지 마세요"라고도 하고, "끊임없이 새로운 시도를 해 보세요. 어떤 재료로 어떻게 만들든지 다 가능해요"라고 말하기도 합니다.

코리언 허브, 약초맛물로 완성시킨 깊고 시원한 맛의 국물 요리

주식이 밥인 우리나라 상차림에서 반드시 올라와야 했던 게 국이에요. 3첩이니 5첩, 7첩 반상이라고 해도 국 종류는 김치, 장과 함께 반찬 가짓수에 포함되지 않았어요. 그 정도로 가장 기본이 되는 상차림 메뉴입니다. 지금 시대는 많은 반찬을 상에 올려 음식을 남기는 것보다는 한두 가지 반찬에 뜨끈한 국물 요리만 곁들여도 식탁이 풍성해질 수 있어요. 혼자이거나 식구가 한두 명뿐일 때는 맛있는 국물 요리 하나만으로도 소박하면서도 든든한 식사를 할 수 있고요. 때로는 건더기를 많이 넣어 슴슴하게 끓인 국을 스프처럼 먹어 한 끼 가벼운 식사가 되도록 만들면 일손도 줄이고 낭비도 없앨 수 있습니다.

이러한 국물 요리에는 국, 찌개, 전골 그리고 여름에 시원하게 먹는 냉국이 포함됩니다. 국물이 건더기보다 많은 것을 국이라고 하는데, 건더기가 국물의 1/3 정도 되는 것이 일반적입니다. 건더기가 국물의 2/3 정도 되는 것을 찌개라고 하고, 전골은 즉석에서 덖어 먹는 모임용 또는 연회용의 음식이라고 할 수 있습니다. 우리나라의 대표적인 전골은 신선로에 담은 오색구자 또는 열구자탕이 가장 고급스러운 전골인 셈이지요.

국물 요리를 맛있게 하려면 먼저 베이스가 되는 맛물을 잘 준비해야 합니다. 내가 주로 쓰는 맛물은 여러 가지 나무 뿌리들을 가지고 만든 '약초맛물'(만드는 법은 이 책 22쪽 참조)입니다. 건강에도 좋고 맛도 있는 맛물을 만들기 위해 고민하다가 찾아낸 것이에요. 둥글레, 칡뿌리, 오가피, 당귀, 감초, 구기자, 황기, 유근피 등의 약재를 적당한 비율로 섞어서 15~20분 정도 끓이면 됩니다. 이 재료들을 다 넣으면 더 깊은 맛을 느낄 수 있지만, 모든 재료가 없다면 한두 가지만 넣고 끓여도 좋습니다. 그중에서도 순하고 구수한 맛을 내는 둥글레와 오가피, 구기자, 황기 등은 혼자서도 약초맛물의 역할을 충분히 해내지요. 또 이런 약초맛물이 없을 때는 보리차나 결명자차를 맛물로 이용하기도 합니다. 보리차로 국을 끓인다고 하면 의아해하는 사람들이 많아요. 시도해 보지 않았기 때문에 그 맛을 상상할 수 없는 것이지요. 그 어떤 고정적인 틀에 얽매이지만 않는다면, 무궁무진한 자신만의 레시피를 가질 수 있습니다. 그래서 요리 수업을 하는 내내 "레시피를 믿지 마세요"라고도 하고, "끊임없이 새로운 시도를 해보세요. 어떤 재료로 어떻게 만들든지 다 가능해요"라고 말하기도 합니다.

이젠 '평화가 깃든 밥상'에 없어서는 안 될 맛물로 자리잡은 이 약초맛물은 국이나 찌개뿐만 아니라 김치 담글 때나 국수 국물로도 아주 요긴하게 쓰여요. 어떤 이는 "밥을 지을 때 넣어도 맛있더라"고도 하고, 심지어는 "라면 끓일 때 아주 좋던데요"라고도 합니다. 국수 국물로 이용할 때는 이 약초맛물에 대추, 사과, 당근, 양배추, 표고버섯, 다시마 등을 넣어서 폭 끓이면 더욱 맛있는 국수 국물을 낼 수 있어요.

얼마 전에 첫 번째 책《평화가 깃든 밥상》이 일본어로 번역되었어요. 이때 번역을 맡았던 미에코가 '약초맛물'이란 개념이나 이름을 일본인들에게 어떻게 소개할지 고민하기에 '코리언 허브 맛물'이라고 번역하자고 했어요. 이제 이 국물만 있으면 더 깊고 맛있는 국과 찌개를 끓일 수 있으니 "채식엔 국물 요리가 없다"는 생각을 떨쳐낼 수 있을 거예요.

뜨거운 국물

우리나라 밥상에서 가장 사랑받는 국이 시래기국과 미역국인 듯해요. 이 두 가지 국을 맛있게 끓여낼 줄 알면 요리 솜씨가 있다고 인정할 만합니다. 그런데 이 국들을 맛있게 끓이는 비결은 의외로 간단해요. 첫째는 재료를 잘 선택하는 겁니다. 시래기국 재료로는 햇볕에 잘 말린 시래기나 신선한 배추, 호박, 아욱 잎이 좋고, 미역국에 쓸 미역은 자연산 미역이 좋아요. 자연산 미역의 톡톡한 식감과 향을 양식 미역이 대신할 수는 없지요. 두 번째로 중요한 것은 양념이 될 된장이나 간장이에요. 이 두 가지 장맛이 좋지 않으면 아무리 음식 솜씨가 좋아도 제 맛을 낼 수 없습니다. 그 다음으로 국의 맛을 좌우하는 것이 화력이에요. 뭉근한 불에 오래 끓여야 깊은 맛이 나기 때문에 국을 끓일 때는 물의 양을 넉넉히 잡는 게 좋아요. 장터 국밥이 맛있는 이유도 그런 이유 때문인데, 전기나 가스불보다 장작불에 끓인 게 훨씬 맛있습니다.

전골

여러 명이 모였을 때는 전골이 인기가 있습니다. 전골 역시 약초맛물과 신선한 재료를 준비합니다. 그리고 조청이나 원당, 산야초 발효액, 현미유를 넣으면 고기를 넣은 것보다 더 깊고, 그러면서도 깔끔한 맛을 낼 수 있어요. 채소만 가지고도 다양하게 요리할 수 있습니다. 또한 채소는 연소가 잘되기 때문에 속도 편합니다. 우리나라엔 연회용 음식으로 전골이 발달해 왔는데, 쇠고기나 해산물을 넣지 않고도 이렇게 저렇게 다양한 전골을 만들 수 있고 맛도 있어서 놀랄 때가 많습니다. 이 책에 실린 전골 역시 "고기를 넣지 않으면 맛이 없고, 종류가 다양하지도 않다"는 생각이 기우에 지나지 않는다는 걸 증명해 줄 겁니다.

찌개

우리나라 밥상에 국 못지않게 자주 등장하는 게 찌개예요. 국물을 그다지 좋아하지 않는 사람은 국보다 찌개를 좋아하는데, 약간 짭짤하면서도 얼큰한 맛이 사람들의 입맛을 당기는 듯해요. 찌개 냄비가 바글바글 끓는 채로 상에 올라오면 없던 시장기도 느껴질 만큼 친숙하면서도 매력적인 국물 요리가 찌개입니다. 우리가 즐겨 먹는 찌개는 육류나 생선이 들어간 찌개가 많아서, 채식으로 얼마나 다양한 찌개를 만들 수 있을까, 그리고 그 맛이 밋밋하지는 않을까 걱정하는 사람들도 있어요. 그러다가 테이블 가득 차려놓은 찌개 냄비 속의 맛있는 모양새를 보면 금세 눈빛이 초롱초롱해지는 것을 볼 수 있습니다. 그리고 그 궁금

증을 풀기 위해 바쁜 손놀림을 하지요. 먹는 표정만 보아도 그들의 생각이 어떻게 바뀌었는지 알 수 있어 나 홀로 웃음을 짓기도 합니다. 그리고 곧이어 감탄사가 흘러나옵니다. "돼지고기를 안 넣었는데 어떻게 돼지고기 넣은 김치찌개 맛이 나죠?" "된장국에 단호박 넣을 생각은 못 했는데, 둘의 궁합이 정말 좋아요. 달착하면서 구수한 게 정말 맛있어요!"

채소만으로도 맛있는 찌개를 만들 수 있는 비결은 의외로 간단합니다. 돼지고기가 들어가지 않은 김치찌개를 상상하기 어렵지만, 젓갈과 마늘을 넣지 않은 새콤한 김치에 돼지고기에서 나오는 기름 대신 현미유를 넣어 기름이 주는 부드러운 맛을 내고, 약초맛물로 깊은 국물 맛을 낸 결과입니다. 고기 대신 버섯을 애용하는데, 된장과 김치가 맛있다면 굳이 고기나 다른 부재료를 넣을 필요가 없어요. 그리고 찌개의 깊은 맛을 위해서는 스르르 끓여선 안 되고 푹 끓여야 맛있습니다. 단호박 된장찌개는 된장의 짠맛과 단호박의 단맛이 조화를 이뤄 깊은 맛을 내는 것이지요. 이런저런 재료들의 맛을 상상하면서 하나씩 창작해 보면 색다른 채식 찌개들을 많이 만들어낼 수 있을 겁니다.

찬 국물(냉국)

아무리 뜨거운 국물을 좋아해도 무더위를 식힐 땐 냉국만한 게 없습니다. 가지, 오이, 미역 냉국이 대표적이지요. 가지는 쪄서 무쳐놓기만 해도, 미역은 불려서 무쳐놓기만 해도 맛있는데, 식힌 약초맛물에 간장이나 소금, 식초만 넣어도 정신이 들 만큼 더위를 쫓아줍니다. 청양 고추를 조금 넣거나 참기름 한 방울 떨어뜨리면 또 다른 맛을 느낄 수 있어요. 산야초나 오미자 발효액에 시원한 물과 약간의 양념을 곁들인 냉국도 인기 있는 냉국입니다. 새콤달콤한 맛과 몸에 좋은 미생물들이 어우러져서 몸의 생기를 돋워줍니다.

냉국을 만들 때는 미리 약초맛물에 알맞은 양념을 해서 차게 식혀두었다가 내는 게 좋은데, 그렇다고 얼음을 띄우면 맛이 밍밍해지기 쉽습니다. 그리고 냉국을 그릇에 담을 때도 요령이 필요해요. 냉국 건더기를 먼저 그릇에 담은 다음 상에 낼 때 찬 냉국을 살며시 부어 내면 얌전하고 정갈하게 낼 수 있어요.

요오드가 듬뿍 든
버섯 미역국

| 재료 | 말린 미역 1/2줄기, 느타리버섯 2줌, 집간장 1/4컵, 참기름 1큰술, 약초맛물 10컵

TIP 1 국을 끓일 때는 처음엔 센불에서 시작해 중불, 약불을 거치면서 푹 끓여줘야 깊은 맛이 난다. 센불에서 끓일 때 처음 떠오르는 거품과 찌꺼기를 잘 걷어주면 국이 맑아진다.

TIP 2 미역국에 들깨가루를 넣으면 맛도 고소하고 영양도 풍부해져서 좋다. 되도록 껍질 있는 생들깨가루를 쓰고, 마무리 즈음에 넣어 한소끔 끓여주면 된다.

1 말린 미역은 2cm 정도로 썰어서 물에 1시간 정도 불려두고, 느타리버섯은 가늘게 찢어둔다.
2 불려둔 미역은 갯내가 가실 때까지 충분히 헹구어 냄비에 넣고, 느타리버섯과 간장, 참기름을 넣는다.
3 미역에 간장과 참기름이 배어들도록 다글다글 볶다가 미역이 나른해지면 약초맛물을 넣고 푹 끓인다.

시원하게 속을 풀어주는
무버섯국

| 재료 | 무 1/3개, 느타리버섯 1줌, 집간장 4큰술, 참기름 1/2큰술, 약초맛물 8컵

TIP 1 레시피는 4인 분량이지만 조금 많이 준비하여 푹 끓이는 것이 더 맛있게 먹을 수 있는 방법이다.

TIP 2 다음날 남은 국에 현미 떡을 넣어서 떡국을 끓이면 시원하고 맛있는 한 끼 식사가 된다.

1. 무는 1cm 깍둑 썰기로 썰고, 느타리버섯도 무와 같은 크기로 썬다.
2. 냄비에 무, 버섯, 간장, 참기름을 넣는다.
3. 무에 간장이 배도록 다글다글 볶아서 무가 맑아지면 약초맛물을 넣고, 처음엔 센불에서 끓이다가 불을 낮추어 폭 끓인다.

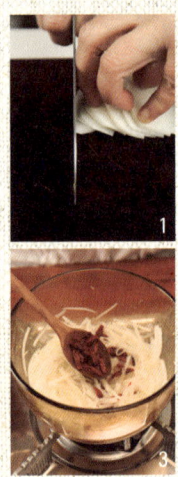

노폐물을 해독시키는
무 구기자국

TIP | 아침 속풀이 국으로도 좋다. 구수하면서도 시원한 국물이 굳은 몸을 풀어주는 느낌이다. 신선한 가을무로 끓이면 달착한 맛이 진해 더욱 맛있다.

| 재료 | 무 1/3개, 구기자 2큰술, 소금 2큰술, 들기름 2큰술, 약초맛물 8컵

1 무는 2mm 두께로 채 썬다.
2 냄비에 채 썬 무와 들기름을 넣고 다글다글 볶는다.
3 무에 어느 정도 들기름이 배어들면 구기자와 준비한 약초맛물을 부어 푹 끓인다.
4 무가 투명해지면 소금으로 간한다.

담백하고 깔끔한
콩나물국

TIP | 콩나물국은 소금만 넣고 끓이는 게 가장 시원하고 담백한 맛을 낸다. 이때 콩나물은 연하고 신선해야 한다.

| 재료 | 콩나물 1봉지, 말린 표고버섯 1줌, 풋고추 1개, 소금 1큰술, 약초맛물 6컵

1 말린 표고버섯은 약초맛물에 우렸다가 건져내어 모양 그대로 얇게 썰고, 콩나물은 씻어 준비하고, 고추는 송송 썰어둔다.
2 약초맛물에 콩나물과 표고버섯, 고추, 소금을 넣고 한소끔 끓인다.

몸을 따뜻하게 데워주는
호박잎 된장국

| 재료 | 호박잎 8장, 된장 수북이 2~3큰술, 보릿가루 1/2컵, 약초맛물 10컵

1. 호박잎의 까슬한 줄기 겉부분을 벗겨내어 손질해 둔다.
2. 손질한 호박잎을 풋내가 가시도록 치대어 잘 씻는다.
3. 2의 호박잎에 된장과 보릿가루를 넣어서 맛이 잘 배도록 주무른다.
4. 3에 약초맛물을 넣고 푹 끓인다. 처음엔 센불에서 시작해서 중불, 약불로 다리듯이 끓이면 깊은 맛이 난다.

TIP 1 밭에서 바로 호박잎을 따서 국을 끓일 때는 작은 호박 열매가 달린 순 부분도 넣고 호박꽃도 몇 개 넣어서 끓이면 더욱 맛있다.

TIP 2 보릿가루 대신 생콩가루나 메밀가루를 넣어도 괜찮고, 약초맛물 대신 뜨물을 써도 좋다.

보약 같은 국물맛
아욱 구기자 된장국

TIP | 구기자, 둥굴레, 당귀 같은 약성 식물이 우리나라에는 셀 수 없이 많은데 우리 몸에는 서양의 허브보다 훨씬 좋다.. 맛과 성질이 온순하고 해독 작용과 순환 작용이 뛰어나기 때문에 즐겨 쓰는 부재료다. 구기자의 들큰한 맛과 둥굴레의 구수한 맛, 당귀의 진한 향이 잘 어우러진다.

| 재료 | 아욱 4줌, 말린 당귀 3쪽, 구기자 20알, 둥굴레 큰 것 3개, 된장 수북이 2~3큰술, 뜨물 10컵

1 씻은 아욱은 풋내가 빠지도록 잘 치대어 된장을 넣고 버무린다.
2 1에 당귀와 구기자, 둥굴레를 넣고 뜨물을 넣어 푹 끓인다.

재료

언제 먹어도 좋은
무청 시래기국

TIP 1 시래기국은 햇볕에 말린 배춧잎이나 무청 잎으로 푹 끓이면 구수하고 깊은 맛이 나는데, 말린 잎이 없을 때는 생 배춧잎이나 무청 잎을 데쳐서 쓰기도 한다. 깊은 맛은 덜하지만 대신 시원한 맛을 더해준다.

TIP 2 들깨가루 대신 생콩가루를 써도 시원하고 담백한 맛을 즐길 수 있다.

| 재료 | 말린 무청시래기 3~4줄기, 둥글레 4~5개, 말린 당귀 1쪽, 구기자 1큰술, 생들깨 2큰술, 된장 3큰술, 약초맛물 4ℓ

1 무청시래기는 3~4시간 이상 물에 불렸다가 불린 물 그대로 충분히 삶아서 깨끗이 씻은 다음 잘게 썬다.
2 생들깨는 깨끗이 씻어 분쇄기에 갈아 준비한다.
3 시래기에 생들깨가루, 된장을 넣고 잘 주무른 다음 약초맛물을 붓고 둥글레, 당귀, 구기자를 넣고 푹 끓인다.

미꾸라지 없는 두부 추어탕

TIP | 국은 오래 끓일수록 맛이 좋고, 갈수록 국물이 진해져서 그날 먹는 것보다 다음날 먹는 것이 더 맛있다. 두부 추어탕같이 재료가 많이 들어간 국물 요리는 더 그렇기 때문에 이틀 정도 먹을 양을 끓이는 게 좋다.

| 재료 | 말린 고사리 2줌, 숙주 2줌, 느타리버섯 2줌, 호박잎 6장, 두부 1모, 깻잎 10장, 청양 고추 3개, 홍고추 2개, 생들깨가루 2/3컵, 산초가루 4큰술, 집간장 1/2컵, 약초맛물 3.5ℓ

1 고사리는 물에 1~2시간 불렸다가 불린 물 그대로 불에 올려 데친다.
2 호박잎은 줄기의 까슬한 겉부분을 벗겨 데치고, 숙주는 살짝만 데친다. 느타리버섯은 가늘게 찢고, 두부는 칼등으로 곱게 으깬다.
3 깻잎은 채 썰고, 청양 고추와 홍고추는 다진다.
4 손질한 고사리와 2의 재료에 간장을 넣고 조물조물 무친다.
5 4에 약초맛물을 붓고, 처음엔 센불에서 끓이다가 끓기 시작하면 중불에서 15~20분 정도 끓인다.
6 상에 낼 때 산초가루와 생들깨가루, 채 썬 깻잎, 다진 청양 고추와 홍고추를 곁들인다.

재료

4

힐링 수프처럼 뜨끈한
채소 육개장

TIP | 고추기름은 고기를 넣고 끓인 육개장처럼 얼큰하고 먹음직스러워 보이는 식감 때문에 넣는 것인데, 기름기를 싫어한다면 넣지 않아도 좋다.

| 재료 | 말린 고사리 1줌, 말린 취나물 1줌, 숙주 3줌, 느타리버섯 3줌, 오곡가루 1컵(만드는 법은 이 책 21쪽), 집간장 6큰술, 고추기름 3~4큰술(만드는 법은 이 책 24쪽), 약초 맛물 3.5ℓ

1 고사리와 취나물은 2시간 정도 물에 불려둔 다음 불린 물 그대로 불에 올려 삶아놓는다.
2 느타리버섯은 찢어놓고, 숙주는 데쳐놓는다.
3 준비한 재료에 고추기름, 오곡가루, 간장을 넣고 잘 버무린 다음 약초 맛물을 붓고 푹 끓인다.

재료

3

쇠고기 전골보다 맛있는
채소전골

TIP | 당면 대신 채 썬 두부를 넣고 생들깨를 다섯 큰술 정도 갈아 넣고 소금으로 간을 하면 보약 같은 느낌으로 먹을 수 있는 들깨 버섯전골이 된다.

| 재료 | 배춧잎 4장, 당근 1/2개, 느타리버섯 2줌, 목이버섯 1줌, 미나리 1/2봉지, 당면 1줌, 집간장 5큰술, 원당 3큰술, 약초맛물 5컵

1 당면은 뜨거운 물에 불린 다음 건져서 준비해 놓는다.
2 배춧잎은 4~5cm 길이로 굵게 썰고, 당근은 4~5cm 길이로 가늘게 채 썰고, 미나리도 당근과 같은 길이로 썰어둔다.
3 목이버섯은 물에 불려서 찢어놓고, 느타리버섯도 결대로 찢어놓는다.
4 약초맛물에 간장, 원당을 넣어서 양념해 둔다.
5 전골 냄비에 준비한 재료를 돌려 담고, 양념한 약초맛물을 부어 끓여서 맛이 어우러지면 먹는다.

속까지 시원한
우동 전골

| 재료 : 유부 4장, 애호박 1/2개, 당근 1/3개, 표고버섯 2개, 미나리 1줌, 청경채 2송이, 우동 면 2개, 고춧가루 1큰술, 집간장 6큰술, 조청 3큰술, 현미유 1큰술, 약초맛물 6컵

1 우동 면은 뜨거운 물에 불린 다음 건져서 준비해 놓는다.
2 애호박은 둥글고 얇게 썰고, 유부는 1cm 정도 너비로 썬다.
3 표고버섯은 저며서 썰고, 청경채는 잎을 떼어놓는다.
4 당근은 채 썰고, 미나리는 잎과 줄기를 분리해서 손질한다.
5 고춧가루와 간장, 조청을 섞어서 양념장을 만든다.
6 준비한 재료를 전골 냄비에 돌려 담고, 약초맛물을 부은 다음 현미유를 두르고 양념장을 넣고 끓여서 맛이 어우러지면 먹는다.

라면이 먹고 싶을 땐
김치 라면 전골

TIP | 라면 대신 감자 수제비나 현미·보리 수제비를 넣어도 맛있다.

| 재료 | 토마토 2개, 배추김치 3잎, 팽이버섯 2줌, 느타리버섯 2줌, 미나리 1줌, 숙주 1줌, 청양 고추 1개, 생라면 1개, 된장 2큰술, 집간장 2큰술, 약초맛물 6컵

1. 배추김치는 4~5cm 길이로 썰고, 팽이버섯은 뜯어놓고, 느타리버섯은 찢어놓고, 토마토는 도톰하게 썬다. 숙주는 씻어서 준비하고, 미나리는 4~5cm 길이로 썰고, 청양 고추는 다진다.
2. 생라면은 뜨거운 물에 불려 건져놓는다.
3. 된장과 간장, 다진 고추를 넣어서 양념장을 만든다.
4. 전골 냄비에 준비한 재료를 돌려 담고, 준비한 양념장과 약초맛물을 부어 끓여서 맛이 어우러지면 먹는다.

고기 없이도 감칠맛 나는
김치찌개

| 재료 | 배추김치 8잎, 두부 1/3모, 양송이버섯 5개, 풋고추 1개, 고추장 2큰술, 들기름 2큰술, 집간장 2큰술, 약초맛물 3컵

1. 배추김치는 먹기 좋은 크기로 썰고, 양송이버섯은 얇게 썰고, 두부는 정방 1cm 크기로 썬다. 고추는 어슷 썰기로 썬다.
2. 냄비에 김치와 들기름을 넣고 볶다가 김치에 기름이 배이면 고추장을 넣고 한 번 더 볶는다.
3. 2에 양송이버섯과 약초맛물, 간장을 넣어 푹 끓여주고, 먹기 직전에 두부와 고추를 넣고 한소끔 더 끓여서 낸다.

갓 캔 듯한 감자 맛이 살아있는
감자찌개

TIP 1 감자찌개는 끓여서 바로 먹어야 맛있다. 다시 데우면 감자 전분이 퍽퍽해져서 맛이 덜해지므로 딱 먹을 만큼만 만드는 게 좋다.

TIP 2 현미유를 넣는 이유는 부드러운 맛을 도와주기 위한 것이다. 조리법은 단순하지만 기대 이상으로 맛있는 찌개이다.

| 재료 | 감자 3개, 풋고추 1개, 홍고추 1개, 고춧가루 1큰술, 집간장 5큰술, 현미유 1큰술, 물 3컵

1. 감자를 깨끗이 씻어서 껍질째 1.5cm 정도의 두께로 도톰하게 썬다.
2. 냄비에 감자를 넣고 물, 간장, 고춧가루, 현미유를 넣고 감자를 폭 익힌다.
3. 풋고추와 홍고추를 썰어 넣고 한소끔 더 끓인 뒤에 낸다.

뜨끈하게 밥에 비벼 먹는
두부 고추장찌개

TIP 1 채식을 처음 시작하거나 자연 요리에 길들여지지 않았을 때는 얼큰하고 달착한 맛이나 약간 자극적인 맛을 찾게 되는데, 그럴 때 먹으면 좋은 찌개이다.

TIP 2 좀 더 담백하게 먹고 싶다면 고추장을 넣지 않고 간장만 넣고 끓인다.

| 재료 | 두부 1모, 풋고추 1개, 홍고추 1개, 고추장 2큰술, 집간장 2큰술, 원당 1큰술, 현미유 1큰술, 약초맛물 1.5컵

1. 두부는 1cm 두께로 도톰하게 썰고, 고추는 어슷하게 썬다.
2. 약초맛물에 고추장, 간장, 원당, 현미유를 넣어 잘 섞어놓는다.
3. 냄비에 두부와 양념한 약초맛물을 넣고 처음엔 센불에서 끓이다가 끓기 시작하면 중불로 낮추고, 고추를 얹어 맛이 배도록 끓인다.
4. 두부가 탈 수 있으니 바닥을 뒤적뒤적 해주고, 양념이 두부에 고루 닿게 끼얹어가며 끓이면 더 맛있다.

얼큰한 맛이 당길 때
순두부찌개

TIP 1 물을 적게 잡아야 톡톡하게 순두부 맛을 즐길 수 있고, 순두부를 넣고 나면 불을 낮추어줘야 순두부가 흩어지지 않는다.

TIP 2 고추기름을 넣으면 순두부찌개 특유의 매콤함을 즐길 수 있지만, 고추기름이 없으면 현미유를 넣어도 된다.

| 재료 | 배추김치 2잎, 순두부 1봉지, 청양 고추 1/2개, 고추기름 1큰술(만드는 법은 이 책 24쪽), 고추장 1큰술, 약초맛물 1컵

1 배추김치는 잘게 썰고, 청양 고추는 동글 썰기 한다.
2 냄비에 김치와 고추기름, 고추장을 넣고 다글다글 볶다가 약초맛물을 부어서 푹 끓인다.
3 김치가 나른해지면 순두부를 으깨어지지 않도록 살며시 부은 다음 풋고추를 얹고 가볍게 끓인다.

단맛과 짠맛이 절묘한
단호박 된장찌개

TIP | 레시피는 무척 간단하지만 단호박의 단맛과 된장의 짭조름한 맛, 고추의 칼칼한 맛이 잘 어울리는 밥도둑이다. 방금 끓인 것보다 아침에 먹고 난 뒤 점심에 다시 끓여 먹으면 맛이 더 깊어져 있다. 된장이 맛있어야 한다는 조건은 필수다.

| 재료 | 미니 단호박 2/3개, 청양 고추 2개, 된장 3큰술, 약초맛물 1.5컵

1 단호박은 1cm 두께 정방형 모양으로 썰고, 청양 고추는 얇게 송송 썰어둔다.
2 약초맛물에 된장을 풀고 단호박을 넣은 다음 폭 끓인다.
3 마지막으로 청양 고추를 넣고 한소끔 끓여서 완성한다.

재료

깊은 맛이 그리울 때
김치 청국장

TIP | 잘 삭은 청국장은 잘 익은 김치만 넣고 폭 끓여도 땀이 날 정도로 맛있다. 찌개로 끓일 때는 폭 끓여야 깊은 맛이 나고 몸도 데워준다. 청국장의 유산균을 그대로 섭취하려면 끓이지 말고 쌈장이나 소스로 만들어 먹는 게 좋다.

| 재료 | 배추김치 2잎, 청국장 2/3컵, 약초맛물 2컵

1 김치를 4~5cm 길이로 썬다.
2 뚝배기에 김치와 청국장, 약초맛물을 넣고 폭 끓인다.

호박잎쌈에 어울리는
표고 강된장

TIP | 여름철 입맛 돋우는 데는 최고일 만큼 맛있는 장이다. 어릴 적 먹던 맛이 생각나는 향토적이고 서정적인 반찬으로, 특히 호박잎쌈과 잘 어울린다. 밥을 비벼 먹어도 맛있고, 국수에 식초를 약간 곁들여서 비벼 먹어도 별미다.

| 재료 | 말린 표고버섯 3개, 청양 고추 3개, 된장 수북이 3큰술, 메주가루 2큰술, 참기름 1큰술, 약초맛물 1.5컵

1 말린 표고버섯과 청양 고추를 잘게 다진다.
2 뚝배기에 다진 표고버섯과 된장을 넣고 잠시 볶다가 약초맛물을 부은 다음 청양 고추와 메주가루를 넣고 되직하게 느껴질 때까지 폭 끓인다.
3 마지막에 참기름을 넣어준다.

옛 맛을 담은 매콤함
가지 냉국

TIP | 가지는 본래 밥솥에 넣고 쪄서 밥물이 스며들어야 달착하게 감칠맛이 나는데, 전기밥솥에 밥을 하면 아쉽게도 그 맛을 낼 수가 없다. 여름 냉국 중에 가장 심플하면서도 자주 즐겨 먹는 게 가지 냉국이다.

| 재료 | 가지 2개, 토마토 1개, 집간장 4큰술, 현미 식초 2큰술, 깨소금 1/2큰술, 참기름 1작은술, 약초맛물 4컵

1. 가지는 반으로 쪼개 찜 솥에서 말랑하게 쪄낸다.
2. 찐 가지를 식혀서 먹기 좋게 가늘게 찢은 다음 간장 1큰술, 깨소금 1/2큰술, 참기름 1작은술을 넣고 무친다.
3. 토마토는 반달 모양으로 썬다.
4. 차게 식혀둔 약초맛물에 간장 3큰술, 식초 2큰술을 넣어 양념한다.
5. 그릇에 가지와 토마토를 담고 준비한 4의 맛물을 살며시 부어서 완성한다.

오미자 향이 감도는
노각 고수 냉국

TIP 1 노각과 고수는 색과 향이 잘 어울려 냉국의 맛을 더욱 풍성하게 해준다.

TIP 2 오미자 발효액은 생협에서 파는 것도 있지만 집에서 담가두고 쓰면 좋다.

| 재료 | 노각 1/4개, 고수 2줄, 홍고추 1개, 오미자 발효액 1/2컵(만드는 법은 이 책 23쪽), 소금 1/2큰술, 생수 3컵

1. 노각은 속의 씨를 긁어내고 두께 2mm 정도 되게 눈썹 썰기로 썰고, 고수는 씻어서 뿌리째 잘게 썬다. 홍고추는 얇게 동글 썰기 한다.
2. 차가운 생수에 오미자 발효액을 넣고 소금으로 간한다.
3. 냉국 그릇에 준비한 재료를 넣고 2를 부어 완성한다.

여름 밥상의 대표 냉국
오이 미역 냉국

TIP 1 미역을 손질할 때는 소금기가 충분히 빠지도록 잘 씻어야 한다.

TIP 2 오이와 미역은 아주 잘 어울리는 재료로 간장과 식초로 가볍게 무쳐만 내도 여름 반찬으로 아주 좋다.

| 재료 | 염장 미역 1줌, 가시오이 1/2개, 청양 고추 1개, 집간장 4큰술, 현미 식초 2큰술, 약초 맛물 4컵

1. 염장 미역은 1시간 정도 물에 불린 다음 염기가 가시도록 충분히 씻는다. 오이는 곱게 채 썰고, 청양 고추는 다진다.
2. 차게 식힌 약초맛물에 간장과 식초로 간을 맞춘다.
3. 그릇에 재료를 가지런히 담고 준비한 2의 맛물을 살며시 부어 낸다.

바다 향이 좋은
토마토 톳 냉국

TIP 1 채소를 썬 다음 차가운 물에 담 갔다가 건지면 더 신선하고 아삭해지 는데, 너무 오래 담그면 비타민이 손실 되고 맛과 향이 빠져 나가므로 1분 이 상을 넘기지 않도록 한다.

TIP 2 말린 해초류를 불릴 때 물에 오래 담그면 향이 달아난다. 잠시만 불 리는 게 좋다.

| 재료 | 말린 톳나물 2큰술, 토마토 1개, 오이 1/3개, 청양 고추 1/2개, 집간장 2큰술, 현미 식 초 1큰술, 약초맛물 4컵

1 톳나물은 물에 10여 분 불린 다음 잘 씻어둔다. 토마토는 1.5cm 크기 로 깍둑 썰기 하고, 오이는 채 썰어서 찬물에 1분 정도 담갔다가 건진 다. 청양 고추는 잘게 다진다.
2 약초맛물에 간장과 식초를 넣어 간을 맞춘다.
3 그릇에 토마토, 톳나물, 오이를 넣고 2의 맛물을 살며시 부은 다음 식 성에 따라서 다진 청양 고추를 곁들여 낸다.

더위 먹었을 때 특효약
오이 깻잎 된장 냉국

TIP 1 여름에 더위를 먹거나 배탈이 나면 약 대신 샘물에 된장을 풀어 마시던 시절이 있었다. 된장 냉국이라면 왠지 그 맛이 낯설 것 같지만 실제로 먹어보면 그 깔끔한 맛에 놀라고, 속이 편해지는 데 놀란다. 숙취에도 좋다.

TIP 2 다진 청양 고추를 넣어 칼칼하게 먹어도 맛있다.

| 재료 | 오이 2/3개, 깻잎 5장, 노랑·빨강 파프리카 각 1/6개, 된장 2큰술, 현미 식초 2큰술, 약초맛물 4컵

1 오이와 깻잎은 곱게 채 썬다. 노랑·빨강 파프리카는 5mm 정도의 정방형으로 썬다.
2 약초맛물에 된장, 식초를 풀어 넣어 간을 맞춘다.
3 그릇에 준비한 재료를 담고 2의 약초맛물을 살며시 부어 낸다.

찰랑찰랑, 식감이 좋은
우무 새싹 냉국

| 재료 | 우무 1모, 홍고추 1개, 새싹채소 1줌, 집간장 2큰술, 현미 식초 1큰술, 약초맛물 4컵

1 우무와 홍고추는 얇게 채 썰고, 새싹채소는 흐르는 물에 살짝 씻어 둔다.
2 약초맛물에 간장, 식초로 맛을 낸다.
3 그릇에 우무와 고추, 새싹채소를 담고 준비한 2의 맛물을 부어 완성한다.

TIP | 우무는 우뭇가사리로 만든 묵의 일종으로, 식이섬유가 많고 칼로리가 낮아서 다이어트에 좋은 식품이다. 말린 것은 한천이라고 하는데, 끓이면 녹고 식히면 굳는 성질을 이용해 젤리를 만들 때 사용하기도 한다.. 위장의 노폐물을 씻어내 다이어트나 변비 예방에 효과가 있다.

매실맛이 상큼한
우무 매실 냉국

TIP 1 매실이 나오는 6월 즈음에 매실 절임을 담가두면 1년 내내 여러 요리에 유용하게 쓸 수 있다. 설탕 절임 외에도 간장 절임, 고추장 절임으로 만들 수 있다.

TIP 2 장김치는 김치 담글 때처럼 배추를 절여 씻어서 간장, 식초, 원당을 같은 비율로 끓여 부은 뒤 오이지처럼 삭혀 만든다. (배추 장김치 만드는 법은 《평화가 깃든 밥상》 1권, 215쪽 참조)

| 재료 | 우무 1/2모, 배추 장김치 1잎, 설탕 절임 매실 2큰술(만드는 법은 이 책 209쪽), 청양 고추 1/2개, 집간장 2큰술, 현미 식초 1큰술, 참기름 1작은술, 약초맛물 4컵

1 우무는 얇게 채 썰고, 장김치도 0.2~0.3mm로 채 썬다. 청양 고추는 다져두고, 설탕 절임 매실은 그대로 준비한다.
2 약초맛물에 간장, 식초, 참기름을 넣어 간을 맞춘다.
3 그릇에 우무, 장김치, 매실을 담고, 다진 고추를 얹은 다음 2의 맛물을 살며시 부어 낸다.

해독에 탁월한
도토리묵 냉국

TIP | 도토리에는 중금속을 해독하는 성분이 탁월하고 항암 성분이 많은 것으로 밝혀져 있다. 도토리묵으로 묵무침, 묵전 등 여러 가지 음식을 만들어 먹는데, 그중에서도 묵 냉국은 가장 토속적인 맛과 분위기를 가지고 있다.

| 재료 | 도토리묵 1개, 배추김치 2잎, 김 1장, 청양 고추 1개, 집간장 4큰술, 깨소금 4큰술, 참기름 1큰술, 약초맛물 4컵

1 도토리묵은 가늘게 채 썰고, 배추김치는 쫑쫑 썰고, 김은 구워서 부셔 둔다. 청양 고추는 곱게 다진다.
2 간장, 깨소금, 참기름, 다진 청양 고추를 섞어서 양념장을 만든다.
3 그릇에 도토리묵 채와 김치, 김 가루를 얌전히 담고, 약초맛물을 살며시 부은 다음 2의 양념장을 얹어 낸다.

시원하고 부드러운
미역 두부 된장 냉국

TIP | 두부를 넣고 나서 오래 끓이면 두부가 단단해져서 맛이 없다. 냉국이니만큼 훌훌 마셔도 좋을 정도로 슴슴하게 끓인다.

| 재료 |　말린 미역 1줌, 두부 1/2모, 된장 3큰술, 약초맛물 5컵

1 말린 미역은 2cm 정도로 잘게 썰어서 부드러워질 때까지 물에 담갔다가 염기가 빠지도록 잘 씻는다. 두부는 깍둑 썰기로 썰어둔다.
2 약초맛물에 된장을 풀어 넣고 10분 정도 끓인다.
3 2에 미역을 넣고 한소끔 끓어오르면 두부를 넣고 바로 그릇에 담는다.
4 식혀서 완성한다.

아삭하고 담백한 맛
콩나물 두부 냉국

| 재료 | 말린 모자반 1줌, 콩나물 1/2봉지, 두부 1/2모, 청양 고추 1개, 소금 1큰술, 약초맛물 4컵

1. 모자반은 20분 정도 물에 불린 다음 잘 씻어서 썬다.
2. 콩나물은 씻어서 물 1/2컵을 넣고 익힌 다음 건져놓는다.
3. 두부는 0.5cm 두께로 각둑 썰기 하여 끓는 물에 데친 다음 찬물에 헹궈 건져놓는다. 청양 고추는 다진다.
4. 약초맛물에 소금을 넣어 냉국 국물을 만든다.
5. 준비한 콩나물과 두부, 모자반을 그릇에 담고, 4의 국물을 부은 다음 다진 고추를 얹는다.

자연 요리 알고 만들기 1

친환경 유기농 재료

이 책 곳곳에서 재료의 중요성을 언급했지만, 자연식의 핵심은 역시 친환경 재료임을 아무리 강조해도 지나침이 없을 것입니다. 우리 생명 자체가 자연을 근원으로 삼았으니 자연을 최대한 손상시키지 않고 순환과 지속 가능한 농법으로 생산된 먹거리를 찾는 건 당연한 이치입니다. 반자연적인 화학농이나 지나치게 많은 생산을 목표로 하는 기업농, 대량 생산된 다국적 기업의 먹거리를 선택하는 건 아무래도 내 생명의 근원을 해치는 일인 것만 같아 조심스러워집니다.

유기농법이나 친환경 농법으로 자란 먹거리를 먹는 건 내 몸과 내 생명을 올바르게 돌보는 일이지만, 그렇게 내 몸과 내 생명을 돌보는 지극히 작은 일이 결국엔 내가 사는 땅과 물을 살리는 일이 됩니다. 이런 사실을 안다면 '환경 운동'이 그렇게 어려운 일만은 아니라는 걸 깨닫게 됩니다. 땅을 떠나서는 살 수 없는 게 우리 생명의 조건이지요. 그러나 다량의 화학 비료를 살포하며 쉴 사이를 주지 않고 씨앗을 뿌리고 농사를 지으면 생명 기운이 제대로 깃들지 않아요. 생명력이 결핍된 먹거리를 섭취할 수밖에 없게 됩니다. 이것이 오늘날 관행농의 한계입니다.

땅은 메말라가고 물은 더럽혀져, 우리가 건강하게 살 수 있는 곳은 점점 좁혀지는 느낌이 듭니다. 유기 농법이 땅을 살려내고 하천을 살려내는 길이라 할 때, 유기농 식품을 구매하는 것은 내 몸과 함께 이 땅을 살리는 일이 됩니다. 더군다나 좋은 재료를 가지고 조리를 하면 모든 것이 절약됩니다. 간단한 조리법으로도 맛이 나기 때문이지요. 단순 소박하게 먹고살면 삶의 대부분이 자연스러워집니다. 자연 요리란 자연스런 삶 안에 있는 것입니다.

무침·볶음

향이 강한 파, 마늘은 재료 자체의 향을 도둑질하기 때문에 나물 양념으로는 좋지 않아요. 향이 강한 기름도 되도록 사용하지 않는 게 좋습니다. 그저 간장에만 무쳐도, 또는 소금과 약간의 참기름만 넣고 무쳐도 얼마나 맛이 있는지 몰라요.

> 무궁무진한 재료에 단순함, 소박함,
> 화려함이 함께하는
> 다채로운 나물 요리

우리네 밥상에서 가장 사랑받는 반찬거리로 나물만한 게 없지요. 나물은 그저 간장이나 된장에 참기름이나 들기름을 넣고 조물조물 무치거나 쓱쓱 볶는 것만으로도 멋지고 맛있는 요리가 됩니다. 옛날 할머니들은 나물을 무칠 때 수저로 휘저어 무치거나 비닐장갑을 끼고 무치지 못하게 하셨어요. 그분들은 감으로 아셨던 것 같은데, 과학적으로는 우리 몸에서 발생하는 음이온이 음식 맛을 좋게 한다고 해요. 엔도르핀이 증가할 때 음이온 수치가 높아진다고 하지요? 나물 맛을 잃지 않으려면 즐겁고 편안한 마음으로 손으로 조물조물 무쳐야 해요.

간단히 무치고 볶아도 맛있는 나물 요리가 사랑받는 이유는 그 재료들이 참 다양하기 때문이 아닐까 싶어요. 밭에서 키우는 나물도 있고, 산에서 자라는 산나물도 있고, 또 생채소로도 만들고 말린 채소로도 만드니, 같은 재료라도 다른 맛을 내어 식탁이 더욱 풍성해집니다. 그런데 그 다른 맛이라 함은 양념을 달리하여 나온 맛이 아닌, 각각의 재료가 가진 본연의 맛이 고스란히 스며나왔기 때문이에요. 재료가 가진 고유의 맛 자체가 최고의 양념인 셈이니 우리가 할 일은 그저 재료 자체의 맛과 향을 살리기 위해 되도록 가공을 적게 하고 양념을 세게 하지 않는 것뿐이에요. 향이 강한 파, 마늘은 재료 자체의 향을 도둑질하기 때문에 나물 양념으로는 좋지 않아요. 향이 강한 기름도 되도록 사용하지 않는 게 좋습니다. 그저 간장에만 무쳐도, 또는 소금과 약간의 참기름만 넣고 무쳐도 얼마나 맛이 있는지 몰라요. 생나물부터 익힌 나물, 말린 나물 그리고 여러 가지 섞은 나물들까지 하나하나 만들고 먹어보면 이 말에 공감하게 될 겁니다.

생나물(생채)

서양식으로는 샐러드라고 할 수 있는 생나물 요리는 채소를 씻고 잘라서 무치기만 하면 되는, 간단하면서도 신선한 요리예요. 흔히 볼 수 있는 그 어떤 채소로도 생나물 요리가 가능합니다. 산나물, 들나물뿐만 아니라 무나 연근 같은 채소로도 만들 수 있어요. 생나물의 핵심은 싱싱함과 아삭하게 씹히는 식감인데, 이를 잘 살리기 위해서는 좋은 재료를 선택하는 것은 물론이고, 씻고 다듬는 과정이 섬세해야 합니다. 자칫하면 물러지거나 풋내가 날 수도 있으니 손을 적게 대고 신선도를 유지하는 게 좋아요. 채소에 묻은 흙을 털어내고 흐르는 물에 가볍게 씻어서 소쿠리에 받쳐 물기를 빼내고, 부드러운 잎사귀는 손으로 살며시 뜯어주고, 뿌리나 억센 줄기는 칼로 반듯하게 썰어줍니다.

씻고 다듬는 과정이 끝난 다음엔 나물을 무칠 양념장을 준비해요. 주로 간장이나 된장, 고추장을 쓰고, 이들 주인공 양념을 선택한 다음에 어떤 엑스트라 양념을 쓰느냐에 따라 담백한 맛, 달콤한 맛, 새콤한 맛이 결정됩니다. 이때 조청, 꿀, 산야초 발효액, 참기름, 들기름, 식초 등을 쓰게 되는데, 어떤 경우라도 기름 사용은 맨 마지막에 하는 것이 좋고, 재료가 신선하면 양념 쓰기를 자제하는 게 더 맛있게 먹는 비결이에요. 양념을 따로 만들어두었다가 먹기 직전에 뿌려야 물이 생기지 않고 제맛을 낼 수 있어요.

익힌 나물(숙채)

생나물은 맛과 향이 살아있고 비타민 C의 중요 공급원이 되지만, 수분이 많아서 찬데다가 날것으로 먹으면 더욱 차게 느껴지기 때문에 따뜻하게 익힌 나물을 함께 상에 올리면 차가움과 따뜻함의 균형을 잡을 수 있어요.

특히 채소가 풍부한 우리나라에서는 그 가짓수를 헤아리기 어려울 정도로 익힌 나물의 종류가 많아요. 그런 만큼 손질법과 양념법도 다양한데, 데쳐서 무치는 나물의 경우엔 데치기 전에 먼저 흙을 털어내고 뿌리를 다듬는 건 물론이고, 적당한 크기로 잘라주거나 쪼개줘야 조리하기가 쉽습니다. 나물을 데칠 때는 반드시 센불에서 물이 끓을 때 재료를 넣는다는 것과 냄비 안에 재료를 너무 가득히 넣지 않는다는 조건을 지켜야 해요. 냄비가 작고 물이 적은데 많은 나물이 한꺼번에 들어가면 알맞게 데쳐지지 않아요. 끓는 물에 재료를 넣고 한 번 휘저었을 때 재료가 골고루 물에 잘길 정도의 양이 적당합니다. 채소에 따라 데치는 시간은 다 다릅니다. 시금치처럼 연한 채소는 한 번 휘저어 바로 꺼내고, 그보다 조금 센 나물은 좀 더 오래 익혀줘야 해요. 데친 후에는 즉시 찬물에 담가줘야 아삭하면서 씹히는 식감을 살릴 수 있어요. 나물의 물기를 짤 때도 너무 꼭 짜서 나물 자체가 가진 수분을 다 없애면 향이나 맛이 반감됩니다. 재료에 따라서 손끝으로 가볍게 무쳐야 하는 게 있는가 하면, 바락바락 주물러 무쳐야 하는 게 있으니 재료의 성질을 잘 이해하는 것도 나물 요리에서 중요한 부분입니다.

말린 나물(묵나물)

채소를 갈무리하기 위해 제일 많이 쓰는 방법이 말리는 거예요. 산나물을 데쳐 바람이 잘 통하는 그늘에서 말린 뒤 저장해 두었다가 필요할 때마다 꺼내 씁니다. 무청이나 배춧잎도 말려두면 국이나 찌개 재료로 요긴하게 쓸 수 있어요. 고구마 줄기나 토란 줄기, 도라지, 고사리, 가지, 무, 호박 등도 말려서 쓰는데, 녹엽 채소는 햇볕에 산화되기 쉬우니 데쳐서 그늘진 곳에 말리고, 줄기 식물은 데치거나 생으로 말려서 씁니다. 뿌리나 열매는 쪼개서 햇볕 잘 드는 데서 말리는데, 이때 햇볕보다는 바람이 더 큰 역할을 하니 바람 좋은 날 말리는 게 좋아요.

흔히 말린 채소를 사 먹는 경우가 많은데, 그런 것들은 대부분 기계로 말린 것입니다. 자연 건조한 것은 채소 본래의 색감이 뚜렷하고 향도 살아있지만, 기계 건조한 것은 향도 덜할 뿐더러 군데군데 누렇게 뜬 것처럼 보입니다. 영양 면에서도 차이가 있어요. 자연 건조한 것은 햇볕에 말려지면서 비타민 D와 섬유질, 무기질, 단백질 함량이 높아집니다.

말린 나물은 수분이 없어지면서 향이 깊어지고 조직이 단단해져 씹는 식감이 아주 좋아요. 그 식감을 더욱 살려내기 위해서는 잘 불리고 잘 데치는 요령이 필요합니다. 고사리나 취, 아주까리, 곤드레, 다래 순과 같은 산나물들은 하룻밤 동안 물에 불려놓았다가 그 물 그대로 불에 올려 끓이면 빨리 물러집니다. 가지나 호박처럼 부드러운 것은 금세 무르기 때문에 너무 오랫동안 담그지 않는 게 좋아요. 재료에 따라 물러지는 시간이 각각 다르니 세심하게 신경을 써줘야 해요. 중조나 베이킹파우더를 넣으면 쉽게 물러지긴 하지만 나물의 향을 없애고 성질을 변화시키므로 안 쓰는 게 좋습니다. 말린 나물을 맛있게 조리하려면 잘 불린 나물을 양념하여 잘 무친 다음 '볶는 게' 중요합니다. 이때 기름을 적게 쓰고, 약간의 물을 부어 약불에서 충분히 뜸을 들여야 깊은 맛이 납니다.

채소 볶음

한두 개의 반찬에 영양 균형이 잘 잡히도록 여러 재료를 골고루 섞어서 요리하면 음식 만드는 시간도 줄일 수 있고, 딱 먹을 양만큼만 조리할 수 있어서 음식 낭비도 최소화할 수 있습니다. 그러면서 비교적 싫증도 덜 나는 반찬거리가 여러 가지를 섞은 볶음 요리입니다.

볶음 요리를 잘 하려면 볶음 냄비를 충분히 달군 뒤 재료를 넣고 재빨리 저어줘야 하는데, 이때는 화력과 더불어서 재료를 얼마만큼 넣는지도 중요합니다. 볶는다는 것은 그릇의 열기를 이용하여 익히는 것이므로 재료를 넣고 휘저었을 때 재료가 그릇의 표면에 골고루 닿을 정도의 양이 적당합니다. 그리고 재료의 성질이나 단단한 정도에 따라서 적당한 크기로 잘 써는 것도 중요해요.

그렇게 썰어 준비한 것을 접시에 가지런히 담아둔 다음 팬을 달구어서 재료의 단단한 순서대로 볶습니다. 이때 양념을 다양하게 써보는데, 원당, 후추, 강황(카레), 바질, 로즈마리, 생들깨즙, 올리브유 등으로 새로운 맛을 시도해 봅니다. 필요한 양념은 미리 프라이팬 옆에 준비해 두어 요리하는 동안 부산스럽게 움직이지 않도록 합니다. 부산스럽게 움직이다 보면 음식도 정갈하지 못하고 맛도 떨어지며 설거짓거리도 많이 만들게 됩니다. 음식에 대한 밑그림을 마음속에 그려두고 순서대로 음식을 만들면 좋은 음식이 탄생하게 마련입니다. 창작 요리사가 되어 재료와 양념을 다루다보면 음식 만드는 즐거움이 배가되어 요리가 '일'이 아닌 '놀이'가 될 수 있을 겁니다.

82

샐러드보다 더 산뜻한
삼색 묵 무침

TIP | 양념장에 겨자를 조금 넣으면 칼칼한 맛이 입맛을 당긴다.

| 재료 | 도토리묵 1/2모, 청포묵 1/2모, 클로렐라묵 1/2모, 토마토 1개, 새싹채소 1줌, 청양 고추 1개, 집간장 5큰술, 현미 식초 3큰술

1. 묵은 각각 1.5cm 정방형으로 썰고, 토마토는 먹기 좋은 크기로 반달 썰기하고, 청양 고추는 다진다. 새싹채소는 씻어놓는다.
2. 다진 청양 고추에 간장과 식초를 섞어 양념장을 만든다.
3. 준비한 재료들을 보기 좋게 담고 준비한 2의 양념장으로 가볍게 무친다.

애피타이저로 손색없는
도토리묵 카나페

TIP | 늘 먹는 묵무침이지만, 담는 법을 조금만 달리해 보면 새로운 느낌의 신선한 요리로 재탄생시킬 수 있다. 창조적인 요리에는 즐거움이 있다.

| 재료 | 오이 1/2개, 도토리묵 1/2개, 깻잎 3장, 홍고추 1/2개, 집간장 4큰술, 현미 식초 2큰술, 참기름 1/2큰술, 통깨 1/2큰술

1. 오이는 어슷 썰기로 얇게 썰고, 도토리묵은 2cm 정방형으로 썬다.
2. 깻잎과 홍고추는 1cm 길이로 얇게 채 썬다.
3. 간장, 식초, 참기름, 통깨를 섞어서 양념장을 만든다.
4. 그릇에 오이를 담고, 그 위에 도토리묵을 얹은 다음 준비한 양념장을 끼얹는다.

야들야들, 달콤새콤한
우무 오이 무침

TIP | 우무는 찰랑한 식감이 좋고, 차가운 맛이 나 여름에 즐기는 식재료다. 가늘게 채 썬 우무에 콩국물을 부으면 영양가 높은 여름 간식이 된다.

| 재료 | 우무 1/2모, 오이 1/2개, 새싹채소 1줌, 고추장 1큰술, 꿀 1큰술, 식초 2큰술, 소금 1작은술

1. 우무는 굵게 채 썰고, 오이는 반으로 쪼개 2mm 두께로 눈썹 썰기 한다.
2. 고추장, 꿀, 식초, 소금을 잘 섞어 양념장을 만든다.
3. 우무, 오이, 새싹채소에 양념장을 넣고 가볍게 버무린다.

바람결에도 향이 묻어나는
더덕 황잣 무침

TIP | 더덕 껍질에는 항산화 물질이 많으므로 껍질째 먹는 습관을 들이면 면역력을 높이는 데 도움이 된다. 소화력과 흡수력이 떨어지는 사람들은 위와 장을 훈련시키는 시간이 필요하므로 한 번에 식습관을 바꾸려 하기보다는 천천히 다가가는 게 좋다.

| 재료 | 더덕 4뿌리, 황잣 2큰술, 소금 1/2큰술, 현미 식초 2큰술, 원당 2큰술

1. 더덕을 3mm 정도로 저며 소금물에 5분 정도 담가둔다.
2. 소금물에 담갔던 더덕을 건져 잘 두드린 다음 먹기 좋은 크기로 찢어 놓는다.
3. 준비한 더덕에 황잣과 소금, 식초, 원당을 넣고 잘 무쳐서 낸다.

해초 향과 잣 향의 어울림
톳 두부 무침

TIP | 만들기 간단하고 영양도 많은 요리로 간식이나 애피타이저로도 활용할 수 있다.

| 재료 | 말린 톳나물 1/2컵, 두부 1/2모, 황잣 1큰술, 소금 2작은술

1. 말린 톳나물은 1시간 정도 물에 불려서 깨끗이 씻는다.
2. 두부는 칼등으로 곱게 으깬다.
3. 톳과 으깬 두부에 황잣과 소금을 넣고 잘 버무려서 그릇에 담는다.

상큼한 미역 향이 감도는
오이 미역 무침

TIP | 원당 대신 조청을 넣어도 깊은 맛을 즐길 수 있다.

| 재료 | 마른 미역 1줄기, 오이 1/2개, 새싹채소 1줌, 집간장 2큰술, 현미 식초 2큰술, 원당 2.5 큰술, 소금 1작은술

1. 마른 미역을 3cm 정도로 잘라서 물에 1~2시간 불려 건져놓는다.
2. 오이는 세로로 반을 쪼개 눈썹 썰기로 썰어서 소금 1작은술, 식초 1큰술, 원당 1/2큰술로 절였다가 5분 정도 지난 후에 꼭 짜준다.
3. 간장 2큰술과 식초 1큰술, 원당 2큰술을 섞어서 약불에서 잠시 졸여 식힌다.
4. 그릇에 미역, 오이, 새싹채소를 담고 3의 초간장을 뿌려서 완성한다.

재료

2

해독 성분이 많은
무생채

TIP | 무는 디아스타아제가 많아 소화를 도와주며, 감기 초기에 기침을 잡는 데도 쓰일 만큼 널리 사랑받는 식재료 중 하나다. 우리나라 사람들은 예부터 숙취나 가스 중독, 식중독 등에 무 삶은 물이나 무 발효액을 약으로 사용해 왔다.

| 재료 | 무 1/3개, 홍고추 1개, 미나리 2줄기, 소금 2/3큰술, 현미 식초 3큰술, 원당 3큰술, 고춧가루 1/2큰술

1 무는 7cm 길이로 곱게 채 썰어서 고춧가루로 버무려놓는다.
2 홍고추는 얇게 채 썰고, 미나리는 5cm 길이로 썬다.
3 준비한 1에 2를 넣고 소금, 식초, 원당으로 버무린다.

유자 향이 상큼한
상추 쑥갓 무침

TIP | 간장에 유자청이나 꿀, 오미자 발효액 등을 섞어 드레싱을 만들면 발사믹 소스보다 더 맛있는 드레싱이 된다. 이때는 올리브유보다 들기름이 더 잘 어울린다.

| 재료 | 상추 4줌, 쑥갓 2줌, 유자청 2큰술, 집간장 4큰술, 들기름 2큰술

1 상추와 쑥갓을 잘 씻어서 먹기 좋은 크기로 뜯어놓는다.
2 간장에 유자청과 들기름을 넣어서 양념장을 만든다.
3 준비한 상추, 쑥갓에 2의 양념장을 넣고 가볍게 무친다.

봄 전령사들의 화려한 만남
죽순 오이 초무침

| 재료 | 죽순 2뿌리, 오이 1/2개, 적채 조금, 소금 2/3큰술, 현미 식초 3큰술, 원당 3큰술, 뜨물 조금

1. 죽순은 삼각꼴 속살이 나올 때까지 껍질을 벗긴다.
2. 죽순의 삼각꼴 속살을 반으로 쪼개 얇게 썬다.
3. 얇게 썬 죽순을 뜨물에 삶은 다음 찬물에 헹궈서 건져놓는다.
4. 오이는 반으로 쪼개 반달 썰기로 썰고, 적채는 채 썬다.
5. 준비한 죽순, 오이, 적채에 소금, 식초, 원당을 넣고 가볍게 무친다.

TIP | 죽순의 껍질을 벗겨 속살을 얻으려면 버리는 게 더 많아서 속상할 정도다. 그래도 아작하게 씹히는 맛과 특유의 향은 통조림 죽순과 비교가 안 되니, 봄에 죽순이 많이 날 때 손질하여 냉동 보관해 두면 요긴하게 사용할 수 있다.

지나칠 수 없는 봄나물
두릅 황잣 무침

TIP | 두릅은 성인병과 같은 생활 습관병 예방과 치료에 도움을 준다. 봄에 채취하거나 재배한 것을 먹을 수 있는데, 전을 지져 먹기도 하고 지를 담아 먹기도 한다.

| 재료 | 두릅 2줌, 황잣 2큰술, 소금 2/3큰술, 참기름 1큰술

1 두릅은 먹기 좋게 가늘게 잘라서 손질한다.
2 손질한 두릅을 끓는 물에 데친 다음 찬물에 헹궈 물기를 짠다.
3 황잣은 잘게 다져놓는다.
4 데친 두릅에 황잣, 소금, 참기름을 넣고 버무린다.

풍을 예방하고 치료하는
방풍나물

TIP 1 방풍은 풍을 예방, 치료하는 약재로 널리 알려져 있으며, 항 알레르기성, 항 궤양성, 면역력 증강, 해열 등의 기운이 있다. 들나물은 재배 나물보다 조금 억세거나 질기기도 하므로 데치는 시간이 좀 더 길어질 수 있다.

TIP 2 된장으로 나물을 무칠 때는 들기름 향이 잘 어울린다.

| 재료 | 방풍나물 4줌, 된장 2큰술, 들기름 1큰술

1. 방풍나물은 줄기와 잎을 따로 떼어내어 잘 손질한다.
2. 끓는 물에 방풍을 넣고 2분 정도 데쳐 건진 다음 찬물에 헹궈 물기를 짠다.
3. 준비한 방풍나물에 된장과 들기름을 넣고 무친다.

달착한 감칠맛
가죽나물

TIP | 나물을 데칠 때 물에 소금을 한 스푼 넣으면 나물 색이 더 선명해지고 나물의 좋은 성분이 빠져나가는 것을 막아준다.

| 재료 | 가죽나물 2줌, 고추장 2큰술, 현미 식초 1큰술, 소금 1작은술, 꿀 1/2큰술

1 가죽나물은 억센 줄기와 잎을 따로 떼어내 끓는 물에 데친다. 줄기부터 넣고 줄기가 부드러워지면 잎을 넣어 서너 번 휘저어 꺼낸 다음 찬물에 헹궈 물기를 짠다.
2 고추장에 식초, 소금, 꿀을 넣어 양념장을 만든다.
3 준비한 가죽나물에 2의 양념장을 넣고 가볍게 무친다.

잡초라고 하기엔 너무나 맛있는
비름나물

| 재료 | 비름나물 5줌, 집간장 2~3큰술, 참기름 1큰술, 깨소금 1/2큰술

1. 비름나물은 줄기와 잎을 따로 떼어내어 끓는 물에 데친다. 줄기부터 넣고 줄기가 부드러워지면 잎을 넣고 살짝만 더 데친다.
2. 데친 비름나물을 찬물에 헹궈 짠 다음 간장, 참기름, 깨소금을 넣고 무친다.

맛있는 밥도둑
고구마 줄기나물

TIP 1 고구마 줄기 같은 '줄기나물'은 약간 억세기 때문에 볶으면서 불을 낮추고 뜸을 들이듯 볶아줘야 부드럽게 간이 배어 맛있다.

TIP 2 매운맛을 좋아한다면 맛이 텁텁해지는 고춧가루 대신 청양 고추를 조금 넣으면 된다. 깻잎 순이나 다른 나물의 줄기도 같은 방법으로 볶으면 맛있다.

| 재료 | 고구마 줄기 3줌, 풋고추 2개, 홍고추 1개, 집간장 2~3큰술, 들기름 2큰술, 물 4큰술

1 고구마 줄기는 7cm 길이로 자르고, 풋고추와 홍고추는 어슷하게 썬다.
2 달군 프라이팬에 들기름을 두르고 준비한 1의 재료를 넣어서 볶는다.
3 고구마 줄기에 들기름이 어느 정도 배어들면 간장과 물을 부은 다음 불을 낮추어 뜸을 들이면서 볶는다.
4 고구마 줄기에 간장이 잘 배어들고, 씹히는 식감이 부드러우면서도 아삭해지면 그릇에 담아 낸다.

여름을 이기는 보양 반찬
머위 줄기나물

TIP 1 쌉싸래한 맛이 소화, 흡수를 돕고 입맛을 당겨주는 머위는 요리 재료로 다양하게 쓰인다. 이른 봄 새싹으로 밥을 비벼 먹으면 쓴맛도 없이 향기롭고, 잎이 좀 커지면 데쳐서 쌈을 싸먹어도 맛있고 국을 끓여도 맛있다.

TIP 2 데친 머위 줄기에 초고추장만 넣고 무쳐도 맛있다. 살짝 말려서 장아찌를 만들어도 좋다.

| 재료 | 머위 줄기 3줌, 소금 2/3큰술, 생들깨가루 5큰술, 오곡가루 3큰술(만드는 법은 이 책 21쪽), 물 1/2컵

1 머위 줄기는 깨끗이 씻어 아삭하게 씹힐 정도로 삶는다.
2 삶은 머위 줄기의 껍질을 벗겨내고, 먹기 좋게 가늘게 찢어놓는다. 바늘을 이용하면 쉽다.
3 준비한 2에 물과 소금을 넣고, 끓으면 오곡가루와 들깨가루를 찬물에 개서 넣는다.
4 양념이 머위 줄기와 잘 어우러지면 그릇에 담아 낸다.

부드럽고 달착한
호박나물

TIP | 조선호박 대신 애호박을 써도 좋다. 애호박에 물을 잘박하게 붓고 풋고추를 썰어 넣은 뒤 집간장과 들기름으로 양념하여 자작하게 지져 내도 별미다.

| 재료 | 조선호박 1/2개, 홍고추 1/2개, 생들깨 3큰술, 소금 2/3큰술, 들기름 1큰술, 물 4큰술

1 조선호박을 1cm 두께로 잘라 4등분하고, 홍고추는 동글 썰기 한다.
2 자른 조선호박을 소금에 10분 정도 절였다가 물기를 짠다. 베보자기에 넣어 짜면 쉽게 짤 수 있다.
3 생들깨는 깨끗이 씻어 갈지 않고 그대로 준비해 놓는다.
4 달군 프라이팬에 들기름과 준비한 호박을 넣고 볶다가 물과 생들깨, 홍고추를 넣은 다음 불을 낮추고 잠시 뜸들여 완성한다.

잔칫상에 빠지지 않는
삼색나물

TIP | 우리나라 전통 상차림에서는 세 가지 나물을 한 그릇에 담아 내는 것을 원칙으로 한다. 균형과 조화는 상차림의 기본이기에 세 가지 음식을 한 그릇에 담을 때가 많다.

| 재료 | 콩나물 : 콩나물 3줌, 집간장 1.5큰술, 참기름 1/2큰술, 물 1/2컵
시금치나물 : 시금치 4줌, 집간장 1.5큰술, 참기름 1/2큰술
고사리나물 : 말린 고사리 1줌, 집간장 1.5큰술, 생들깨가루 2큰술, 물 3큰술

1 콩나물은 깨끗이 씻어서 냄비에 물과 간장을 붓고 콩나물이 아삭거릴 정도로 몇 분만 익힌 다음 참기름을 넣어서 버무린다.
2 시금치는 손질해서 끓는 물에 데쳐 찬물에 헹궈 짠 다음 간장과 참기름으로 무친다.
3 말린 고사리는 물에 3~4시간 불려 삶은 뒤 헹궈서 짠 다음 간장과 들깨가루, 물을 부어 간이 잘 스며들 정도로 볶아준다.
4 세 가지 나물을 그릇에 보기 좋게 담는다.

항산화 물질이 많은
얼갈이배추나물

TIP | 우리나라 배추는 항산화 물질이 많고, 정혈 작용과 해독 작용이 뛰어나다. 배추는 김치 외에도 국, 찌개, 나물, 겉절이, 볶음 등에 다양하게 쓰이는데, 특히 배추로 국을 끓이면 힐링 수프 같은 느낌이 난다.

| 재료 | 얼갈이배추 2줌, 두부 1/2모, 생들깨 4큰술, 소금 2/3큰술

1. 얼갈이배추는 잘 손질해서 끓는 물에 데친 다음 찬물에 헹군다. 데칠 때 너무 푹 데치면 식감이 좋지 않으므로 배추 줄기가 부드럽게 꺾일 정도로만 데친다.
2. 들깨는 분쇄기에 갈아두고, 두부는 칼등으로 곱게 으깬다.
3. 데친 배추를 먹기 좋게 찢어 물기를 짠 다음 들깨가루, 으깬 두부, 소금을 넣고 무친다.

입맛 없고 아플 때 좋은
무나물

TIP 1 익힌 무나물은 부드럽고 소화가 잘되어 위장병 환자나 회복기 환자, 소화력이 낮은 아이들에게 좋다.

TIP 2 무를 너무 가늘게 썰면 먹음직스러운 맛이 덜하니 조금 굵게 채 써는 게 좋다.

| 재료 | 무 1/2개, 들기름 2큰술, 소금 2/3큰술, 물 2/3컵

1 무는 5mm 정도 굵기로 채 썬다.
2 준비한 무에 들기름을 넣어 볶다가 무가 약간 투명해지면 물을 붓고 소금으로 간한다.
3 불을 낮추어 자작하게 국물이 스며들 때까지 뜸들인다.

엄마 생각이 나는
가지나물

TIP | 익힌 가지의 물컹한 느낌 때문에 가지 요리를 좋아하지 않는 이들이 있는데, 너무 푹 익혀서 그렇지, 적당히 잘 익히면 부드러우면서도 쫄깃한 식감을 느낄 수 있다. 구이나 볶음, 튀김 등 다양한 조리법으로 즐길 수 있다.

| 재료 | 가지 2개, 집간장 2~3큰술, 깨소금 1큰술, 참기름 1/2큰술

1. 가지를 반으로 쪼개 찜솥에서 찐다. 너무 푹 찌면 흐물흐물해 식감이 좋지 않으니 살짝 익는 정도가 되면 불을 끈다. 나머지 열기로 마저 익힌다.
2. 찐 가지를 한숨 식힌 다음 먹기 좋게 찢어서 간장, 깨소금으로 무치다가 참기름을 넣어서 가볍게 마무리한다.

밥에 비벼 먹으면 일품인
수박 껍질나물

TIP | 수박 껍질나물은 된장찌개와 함께 보리밥에 넣고 비벼 먹으면 맛이 일품이다. 여름엔 수박 껍질나물을 만들려고 일부러 수박을 살 때도 있다. 볶을 때 물을 조금 둘러서 볶으면 촉촉해진다.

| 재료 | 수박 껍질 손바닥만한 크기 2조각, 풋고추 1개, 집간장 2큰술, 현미유 2큰술

1 수박은 껍질과 과육의 붉은 부분을 제거하고 흰 부분만 준비한다.
2 1을 얇게 썰고 풋고추는 가늘게 어슷 썰기 한다.
3 달군 팬에 현미유를 두르고 준비한 수박 껍질을 볶는다.
4 센불에서 잠시 볶다가 간장을 두르고, 불을 낮춰서 천천히 볶다가 풋고추를 넣어서 마무리한다.

톡톡 씹히는 맛
톳 콩나물 무침

TIP | 콩나물과 바다 해초인 톳은 맛이나 색이 잘 어울린다. 겨자장에 무쳐도 맛있다.(발효 겨자장 만드는 법은 이 책 25쪽 참조)

| 재료 | 콩나물 2줌, 말린 톳 1/2줌, 집간장 2~3큰술, 참기름 1/2큰술, 물 1/2컵

1 냄비에 손질한 콩나물과 물 1/2컵을 넣고 아삭할 정도로 익혀준다.
2 말린 톳은 물에 1시간 정도 불린 다음 깨끗이 씻어서 준비한다.
3 콩나물과 톳나물의 물기를 적당히 짠 다음 섞어서 간장과 참기름으로 무친다.

손님 초대 반찬으로 좋은
두부 호박 가지 카나페

TIP | 매우 단순한 요리이지만, 재료 하나하나의 맛과 향이 그대로 살아있어 특별한 풍미를 자랑한다. 여느 카나페 못지않게 화려한 분위기를 연출할 수 있어 손님 초대 반찬으로 더욱 좋다.

| 재료 | 두부 1모, 말린 애호박 6장, 말린 가지 6장, 홍고추 1/2개, 집간장 2큰술, 현미유 2큰술, 현미 식초 1큰술, 로즈마리 1/2큰술

1. 말린 애호박과 가지는 따뜻한 물에 20분 정도 불린 다음 깨끗이 씻어서 건져놓는다.
2. 두부는 12등분으로 잘라서 마른 거즈로 물기를 걷어준 다음 현미유를 두른 팬에서 노릇하게 지져준다.
3. 홍고추를 잘게 썰어 간장과 식초에 넣어서 양념장을 만든다.
4. 그릇에 지진 두부를 담고 그 위에 가지나 애호박을 얹은 다음 준비한 3의 양념장을 끼얹고 로즈마리를 뿌린다.

고소함에 달착함이 더해진
말린 애호박나물

TIP | 나물에 기름을 넣어서 볶는 방법도 있지만, 기름을 익히면 불포화 지방산이 손실될 수 있고, 나물이 지닌 고유한 맛과 향이 반감될 수 있으니 되도록 재료가 가진 본래의 맛을 충분히 살릴 수 있는 조리법을 사용한다.

| 재료 | 말린 애호박 2줌, 집간장 2큰술, 생들깨 3큰술, 들기름 1큰술, 물 1/3컵

1. 말린 애호박을 따뜻한 물에 20분 정도 불려서 깨끗이 씻는다.
2. 생들깨는 깨끗이 씻어 물기를 제거한 다음 분쇄기에 갈아서 준비해 둔다.
3. 냄비에 준비한 애호박과 들기름을 넣고 잠깐 다글다글 볶는다.
4. 3에 간장, 간 들깨, 물을 넣고 자작하게 양념이 밸 때까지 푹 찐다.

쫄깃쫄깃 쇠고기 같은 맛
말린 가지나물

TIP | 채식을 하다보면 고기가 먹고 싶은 욕구보다 쫄깃한 식감이 아쉬워서 뭔가 허전한 느낌이 들 때가 있다. 말린 채소는 그러한 욕구를 충분히 충족시켜 줄 뿐만 아니라 생채소보다 영양 성분이나 약성이 더 많고, 생채소의 차가운 성질을 보완해 주기 때문에 자주 먹어주는 게 좋다.

| 재료 | 말린 가지 2줌, 집간장 2큰술, 깨소금 1큰술, 참기름 1/2큰술

1. 말린 가지를 따뜻한 물에 넣고 20분 정도 불린다.
2. 불린 가지를 뜨거운 물에 살짝 데친 다음 찬물에 헹궈 물기를 짠다.
3. 가지에 간장, 깨소금, 참기름을 넣어 잘 무친다.

색과 맛이 고급스러운
무말랭이 볶음

TIP | 생 무보다 영양 성분이 더 많은 무말랭이는 주로 무침이나 김치를 담가 먹기도 하는데, 이렇게 볶아서 먹으면 색다른 맛을 즐길 수 있다.

| 재료 | 무말랭이 2줌, 말린 목이버섯 5~6개, 풋고추 2개, 집간장 2~3큰술, 조청 2큰술, 현미유 1큰술, 물 5큰술

1 무말랭이는 따뜻한 물에 20분 정도 불려 물기를 짜놓고, 목이버섯도 같은 방법으로 불려서 3~4등분으로 썬다.
2 풋고추는 어슷하게 썰어둔다.
3 달군 프라이팬에 현미유를 두르고, 준비한 재료를 볶다가 간장과 조청, 물을 넣고 재료에 양념이 잘 스며들 때까지 뜸들인다.

새콤달콤 깔끔한 맛
무말랭이 무침

| 재료 | 무말랭이 2줌, 풋고추 1개, 홍고추 1개, 집간장 2~3큰술, 현미 식초 1~2큰술, 통깨 1/2큰술

1 무말랭이는 따뜻한 물에 20분 정도 불린 뒤 물기를 짜놓는다.
2 풋고추, 홍고추는 잘게 다진다.
3 무말랭이에 다진 고추, 간장, 식초, 통깨를 넣고 무친다.

산내음 물씬 풍기는
다섯 가지 묵나물

TIP 1 각종 산나물을 삶으려면 먼저 물에 푹 불려주는 게 중요하다. 덜 불린 상태로 불에 올리면 오랫동안 삶아도 쉽게 부드러워지지 않는다.

TIP 2 참기름 대신 들기름이나 들깨를 양념으로 해도 맛있다. 나물 향을 그대로 살리려면 기름마저도 넣지 않는 게 좋다.

| 재료 | 말린 아주까리, 말린 취, 말린 고사리, 말린 참나물, 말린 다래순 각 1줌, 집간장 10큰술, 참기름 5작은술, 깨소금 2큰술, 물 20큰술

1 말린 산나물들은 전날 물에 푹 불려서 다음날 불린 물 그대로 불에 올려 10분 정도 삶은 다음 헹구어 물기를 짠다.
2 각각의 산나물에 간장 2큰술, 참기름 1작은술씩을 넣고 조물조물 무친다.
3 냄비에 2를 하나씩 넣고 잠시 볶다가 나물이 뜨거워지면 물을 4큰술씩 넣고 뚜껑을 덮어서 중간불에서 뜸을 들인 다음 완성한다. 국물을 약간 자작하게 남기는 게 좋다. 각 나물이 다 완성되면 한 접시에 담아서 마무리로 깨소금을 뿌린다.

바질향이 감도는
감자 가지 꽈리고추 볶음

TIP | 감자는 썰어서 찬물에 5분 정도 담갔다가 건져서 볶으면 눋지 않는다.

| 재료 | 감자 1개, 가지 1/2개, 꽈리고추 10개, 양송이버섯 6개, 집간장 2~3큰술, 원당 1~2큰술, 현미유 2큰술, 강황가루 1/2큰술, 후추 1/2큰술, 바질 1/2큰술

1 감자는 1cm 정도로 굵게 채 썰고, 가지는 감자 굵기에 맞춰 3cm 길이로 썬다. 양송이버섯은 4등분하고, 꽈리고추는 꼭지를 따낸 다음 잘 씻어 준비한다.
2 달군 팬에 현미유를 두르고 감자를 볶다가, 가지와 양송이버섯을 넣고 충분히 잘 익도록 팬 뚜껑을 덮어둔다.
3 채소들이 잘 익었으면 마지막에 꽈리고추를 넣고 볶으면서 간장, 원당으로 간을 맞추어 뜸을 들인다.
4 완성된 재료를 그릇에 담고 후추와 바질, 강황가루를 뿌려서 낸다.

토마토소스가 잘 어울리는
양배추 숙주 볶음

TIP | 토마토소스는 토마토를 잘게 썰어서 약불에서 졸인 토마토 농축액에 생강가루와 간장으로 간을 맞춘다.(토마토 농축액 만드는 법은 이 책 26쪽 참조)

| 재료 | 양배추 잎 2장, 숙주 1줌, 노랑 파프리카 1/4개, 청양 고추 1개, 토마토소스 1컵, 소금 1작은술, 현미유 2큰술, 후추 조금

1. 양배추는 1cm 정도로 굵게 채 썰고, 숙주는 깨끗이 다듬는다. 파프리카는 양배추보다 작게 썰고, 청양 고추는 다진다.
2. 달군 팬에 현미유를 두르고, 양배추, 파프리카, 숙주를 순서대로 넣으면서 볶는다.
3. 반쯤 익을 즈음에 다진 청양 고추, 토마토소스, 소금을 넣어 맛이 배이면 후추를 뿌려서 완성한다.

쫄깃하고 구수한
현미떡 잡채

TIP 1 현미 가래떡이 백미 가래떡보다 영양뿐만 아니라 맛도 훨씬 좋다. 쫄깃하고 구수해서 아이들의 입맛도 만족시킬 수 있다. 현미를 씻어 불린 다음 방앗간에 가지고 가서 만들어오면 된다. 적당한 크기로 썰어서 냉동 보관해 두고 쓰면 편하다. 너무 굳어 있으면 뜨거운 물에 살짝 데쳐서 쓴다.

TIP 2 매콤한 맛을 좋아하면 마지막에 다진 청양 고추를 뿌려 낸다.

| 재료 | 현미 가래떡 1개, 양송이버섯 4개, 양배추 잎 1장, 노랑·주황 파프리카 각각 1/2개, 집간장 2~3큰술, 원당 2큰술, 현미유 2큰술, 통깨 1큰술

1. 현미 가래떡은 4cm 길이로 가늘게 썬다.
2. 양송이버섯은 저며서 썰고, 양배추는 굵게 채 썬다. 파프리카는 1.5cm 정방형으로 썬다.
3. 달군 프라이팬에 현미유를 두르고 양배추부터 볶다가 떡과 양송이, 파프리카를 넣고 볶으면서 간장, 원당을 넣고, 불을 낮추어 맛이 배여 들도록 뜸을 들여 완성한다. 마무리로 통깨를 뿌린다.

도시락 반찬으로도 좋은
유부 양송이 볶음

TIP | 유부는 두부를 기름에 튀긴 것이라 고소한 맛이 좋은데, 냉동된 것은 산패 우려가 있어 좋지 않다. 생협에서 구입할 수 있고, 구입 후에는 뜨거운 물에 데쳐서 기름기를 헹구어내고 쓰는 게 좋다.

| 재료 | 유부 6장, 양송이버섯 6개, 노랑·주황·초록 파프리카 각 1/8개, 집간장 3큰술, 조청 2큰술, 고춧가루 1큰술, 현미유 2큰술

1. 유부는 1cm 너비로 썰고, 양송이버섯은 큰 것은 6등분, 작은 것은 4등분으로 썰고, 파프리카는 2cm 정방형으로 썬다.
2. 달군 프라이팬에 현미유를 두르고 준비한 재료들을 넣은 뒤 재빨리 볶는다.
3. 간장, 조청으로 간을 맞추고 불을 낮추어 양념이 잘 스며들도록 뜸을 들인 다음 고춧가루를 뿌린다.

꼬들꼬들 아삭아삭
표고버섯 오이 볶음

TIP | 오이는 소금에 절였다가 물기를 잘 없애주고 뜨거운 팬에서 재빨리 볶아야 물기가 안 나와서 아삭해진다. 말린 표고버섯은 미리 양념을 해둬야 간이 배어 맛있다.

| 재료 | 말린 표고버섯 5개, 오이 1개, 소금 1/2큰술, 집간장 1큰술, 원당 1큰술, 현미유 2큰술

1. 표고버섯은 물에 불려 부드러워지면 도톰하게 썰어 간장과 원당으로 무쳐둔다.
2. 오이는 3mm 두께로 동글 썰기 하여 10분 정도 소금에 절인 다음 물기를 짠다.
3. 달군 프라이팬에 현미유를 두르고 준비한 오이와 양념한 표고버섯을 넣어 재빨리 볶아 낸다.

화사한 색들의 만남
목이버섯과 파프리카 오이 볶음

TIP | 생협에서 쉽게 구할 수 있어 주로 말린 목이버섯을 이용하지만, 생목이버섯을 쓰면 쫄깃하고 신선한 식감이 훨씬 좋다.

| 재료 | 말린 목이버섯 5개, 오이 1개, 노랑 파프리카 1/4개, 집간장 3큰술, 현미유 2큰술

1. 목이버섯은 물에 10분 정도 불려 4~5등분으로 잘라주고, 오이는 4cm 길이로 잘라 굵게 채 썬다. 파프리카는 오이보다 작게 썬다.
2. 채 썬 오이를 간장에 10분 정도 절인 다음 짜놓고, 짜낸 간장은 약불에 올려서 본래의 간장 색이 나도록 졸인다.
3. 달군 프라이팬에 현미유를 두른 다음 오이를 먼저 재빨리 볶아 한편으로 밀어놓고, 목이버섯과 파프리카를 볶으면서 졸여둔 간장을 넣어서 간을 맞춘다. 그런 뒤 모두 섞어서 다시 한 번 재빨리 볶아준다.

특별한 식감이 살아있는
가지 새송이버섯 볶음

TIP | 물기가 많은 채소를 볶을 때는 기름을 두르지 않고 굽듯이 익히면 물컹거리는 맛이 없어지고 쫄깃한 맛이 살아난다.

| 재료 | 가지 1개, 새송이버섯 2개, 풋고추 2개, 당근 1/10개, 집간장 2~3큰술, 원당 2큰술, 현미유 2큰술

1 가지는 3~4mm 두께로 동글 썰기 하고, 새송이버섯은 골패 썰기로 썰고, 풋고추는 어슷 썬다. 당근은 가늘게 채 썬다.
2 간장, 원당을 섞어 양념장을 만들어둔다.
3 프라이팬을 달구어서 불을 낮춘 다음 가지와 새송이버섯, 풋고추를 넣어 기름 없이 노릇하게 굽는다.
4 3의 재료들이 꼬들해지면 현미유와 채 썬 당근, 2의 양념장을 넣어서 재빨리 볶아준다.

새콤달콤매콤한
청포묵 무침

TIP 1 청포묵의 재료인 녹두는 해독·해열 작용이 뛰어난 약용 식품이다. 편도선염 등으로 열이 올라 잘 먹지 못할 때는 녹두죽을 만들어 먹으면 좋다.

TIP 2 청포묵을 집에서 직접 쑬 때는 녹두 전분의 6배의 물을 부어 풀 쑤듯이 쑤는데 찬물에 떨어뜨려 보아 흩어지지 않을 때 식히면 된다. 도토리묵이나 메밀묵도 같은 방법으로 쑤면 된다.

| 재료 | 청포묵 1/2개, 표고버섯 2개, 콩나물 1줌, 미나리 3줄기, 당근 1/4개, 말린 목이버섯 3장, 겨자가루 2큰술, 소금 1/2큰술, 꿀 2큰술, 현미 식초 2큰술

1. 청포묵은 6cm 길이, 5mm 두께로 썰고, 콩나물은 익혀놓고, 표고버섯과 당근은 채 썰고, 미나리는 6cm 길이로 잘라 당근과 함께 끓는 물에 데쳐서 찬물에 헹군다. 목이버섯은 물에 불린 뒤 건져 작게 썬다.
2. 겨자가루를 발효시켜 꿀 1.5큰술, 소금 1/4큰술, 식초 1큰술을 넣어 겨자장을 만든다.(발효 겨자장 만드는 법은 이 책 25쪽 참조)
3. 당근, 미나리, 콩나물은 식초 1큰술, 소금 1/4큰술, 꿀 1/2큰술을 넣어 버무리고, 청포묵과 표고버섯, 목이버섯은 겨자장을 넣어 버무린다.

향과 맛이 살아있는
유부 우엉 잡채

TIP | 당면을 물에 삶아서 쓰기도 하지만, 미지근한 물에 담갔다가 쓰면 번거로움이 덜하다.

| 재료 | 당면 2줌, 유부 3장, 우엉 1개, 생표고버섯 3개, 미나리 3줄기, 고추기름 1/4컵(만드는 법은 이 책 24쪽), 집간장 3큰술, 원당 2큰술

1. 당면은 따뜻한 물에 1시간 정도 미리 불려둔다.
2. 유부는 끓는 물에 데쳐서 기름기를 뺀 다음 찬물에 헹구어 가늘게 채 썬다.
3. 우엉은 5cm 정도의 길이로 잘라서 곱게 채 썬 다음 찬물에 3분 정도 담갔다가 건진다.
4. 생표고버섯은 기둥은 떼어 가늘게 쪼개고, 몸통은 3mm 두께로 썬다.
5. 미나리는 잎을 떼어 따로 준비하고, 줄기는 5cm 정도 길이로 잘라둔다.
6. 달군 팬에 고추기름을 넣고 단단한 우엉부터 넣어 볶는다.
7. 6에 표고버섯, 유부, 당면을 넣고 볶다가 당면이 투명해지면 간장과 원당을 넣고 미나리의 줄기와 잎을 함께 넣어 재빨리 잘 섞어서 낸다.

재료

6

7

최상의 샐러드
겨자채

TIP | 채소 본래의 신선하면서도 깊은 맛을 즐길 수 있는 반찬이다. 다만 베이스가 되는 간장과 식초와 기름이 맛있고 신선해야 한다.

| 재료 | 미나리 4~5줄기, 숙주 1줌, 밤 10개, 대추 4개, 황잣 2큰술, 겨자가루 2큰술, 소금 1/2큰술, 꿀 2큰술, 현미 식초 2큰술

1. 미나리는 6cm 길이로 썰어서 숙주와 함께 데쳐 물기를 빼고 식혀 둔다. 황잣은 껍질째 준비한다.
2. 밤은 겉껍질을 벗겨내어 속껍질째 곱게 채 썰고, 대추는 씨를 빼내어 곱게 채 썬다.
3. 겨자를 발효시켜 꿀, 소금, 식초를 넣어서 소스를 만든다.(발효 겨자장 만드는 법은 이 책 25쪽 참조)
4. 준비한 재료와 소스를 버무린다.

자연 요리 알고 만들기 2

로컬 푸드와 제철 재료

태어나서 죽을 때까지 사람이 먹을 음식을 만들어주는 것은 물, 공기, 햇볕, 흙입니다. 그 음식들은 먹힘으로써 우리의 몸을 만들고 생명을 유지하게 만들어주지요. 우리나라 어른들은 예부터 '신토불이'라는 말로 로컬 푸드의 중요성을 가르쳤고, "네가 태어나고 자란 곳의 2킬로미터 반경 내에서 먹거리를 구하라"고 했습니다. 어른들의 놀라운 통찰력을 엿볼 수 있는 내용입니다. 요즘 같은 패스트 푸드 시대엔 우스운 얘기 같지만, 소달구지 끌고 농사짓던 시대엔 지혜가 가득한 말씀이었습니다.

내가 먹는 것이 나를 만든다는 사실을 알고 내 몸에 맞는 음식을 찾는다면 아무래도 내가 사는 곳에서 가장 가까운 곳에서 생산된 먹거리를 선택하는 게 좋은 것이겠지요. 유통 기간이 짧고 유통 거리가 짧을수록 생명력이 강하고 신선하다는 건 당연한 이치니까요. 유통 거리가 짧으니 값도 쌀 수밖에 없겠지요. 이런 재료로 만든 음식이 우리 몸의 면역력을 높이고 건강을 돌보아주는 건 당연합니다. 그러니 "먹는 게 약"(食藥同源)이란 말은 바로 지역에서 나는 신토불이 음식, 로컬 푸드에 해당하는 말입니다.

그리고 로컬 푸드만큼 중요한 것이 제철 식품입니다. 하지만 온실 재배가 발달하면서 제철 식품은 찾아보기가 어려운 실정입니다. 설상가상으로 기후 변화까지 겹쳐 싹 트고 꽃피며 열매 맺는 시기가 들쑥날쑥하니 여간 걱정이 아닙니다. 그래도 제철에 난 노지 재배 식물에 관심을 가지는 게 좋습니다. 온실 속 햇볕과 바깥 땅에서 바로 받은 햇볕은 천지 차이입니다. 맛과 색깔, 성정과 약성 면에서 아주 많은 차이가 나지요.

'로컬 푸드와 제철 식품을 곁에 두고 먹으려면 아무래도 시골에서 살아야겠다'는 생각이 들어 도시인들은 한숨이 나올 수도 있지만, 생협에서 때때로 제철 식품을 공동 구매할 때도 있으니 그런 기회를 잘 이용하면 좋습니다. 제철 식품을 쓰고 남을 때는 과일은 졸여 농축해서 병졸임하고 채소 등은 절임 식품으로 저장식을 만들 수 있습니다.

부침·구이

부침 요리도 다양하고 복잡할 수 있는데, 나는 되도록 흔하게 구할 수 있는 재료에 전분이 많은 곡물가루를 반죽하여 지져내는 간단한 조리법을 좋아해요. 웬만한 채소는 다 재료로 이용할 수 있고, 산이나 들에서 채취한 야생 나물도 좋은 재료가 됩니다.

> 간단하게 만들어 푸짐하게 나누는
> 정겹고 고소한 맛,
> 부침·구이 요리

우리나라 밥상에서는 나물과 함께 부침이나 구이를 올리는 게 정찬의 격식을 갖추는 것이라고 여겨왔어요. 번철에 기름을 두르고 지진 것을 '전유어'라고 부르거나 줄여서 그냥 '전'이라고도 했는데, 재료에 달걀이나 밀가루 옷을 입혀서 지진 것이에요. 이 부침 요리도 다양하고 복잡할 수 있는데, 나는 흔하게 구할 수 있는 재료에 전분이 많은 곡물가루를 반죽하여 지져내는 간단한 조리법을 좋아해요. 웬만한 채소는 다 재료로 이용할 수 있고, 산이나 들에서 채취한 야생 나물도 좋은 재료가 됩니다. 조금 멋을 부리고 싶을 때는 아카시아, 민들레, 방아꽃, 칡꽃, 깨꽃 등으로 화사한 분위기를 연출할 수도 있어요.

구이로는 직화라고 하여 서양 요리로 치자면 그릴이나 오븐을 이용해 불꽃이 닿도록 굽는 것과, 번철에 굽는 것으로 나눌 수 있습니다. 지짐이나 부침과 구별되는 점은 기름을 두르지 않는다는 것이지요. 구울 때는 구이, 기름을 두르고 지질 때는 부침, 휘저어 익힐 때는 볶음이라고 합니다. 몸이 무겁게 느껴질 때는 기름을 두르지 않은, 구운 채소 요리로 신선하고 담백한 맛을 즐겨보세요. 가벼우면서도 든든한 맛과 영양이 몸에 활력을 줄 거예요.

부침

부침을 만들 때는 재료를 모양 그대로 썰거나 잘게 썰어서 하고, 여기에 여러 가지를 섞기도 하는데, 먼저 마른 가루로 슬쩍 옷을 입힌 다음 반죽옷을 입히는 게 좋습니다. 메밀가루나 도토리가루는 중금속 등을 해독시키는 성분이 있어서 많이 쓰는 반죽옷 재료이고, 그외 쌀가루, 보릿가루, 수수가루, 콩가루, 통밀가루도 즐겨 쓰는 반죽옷 재료예요.

부침 옷을 반죽할 때는 가루와 물의 비율을 1:1로 잡으면 됩니다. 공식처럼 기억하고 있으면 요리하기가 훨씬 수월할 거예요. 물론 재료가 지닌 수분 함량에 따라서 물의 양은 조금씩 가감이 되기도 하는데, 80% 정도를 먼저 부었다가 상태를 보아가며 가루와 물을 더해가는 방법으로 하면 실패할 일이 거의 없을 겁니다.

팬을 반드시 달군 다음에 기름을 두르고, 반죽옷을 입혀 노릇하게 굽는데, 재료 밑으로 나무 수저가 쑥 들어갈 정도로 익었을 때 뒤집어줘야지 익기도 전에 자꾸 들쑤시면 모양이 부숴지고 축 늘어져서 맛이 없어져요. 다 구운 후에는 뜨거운 팬이 식기 전에 종이로 남은 기름기를 닦아내고 깨끗한 물 행주로 마름질해 두어야 팬을 깨끗하게 오래 쓸 수 있어요.

구이

"어, 채소를 구워 먹네"라며 신기한 듯이 보던 이가 먹어보니 맛있다면서 놀랍니다. 고기나 생선을 굽듯이 "채소를 구워 먹는다는 생각을 왜 해보지 않았을까?" 싶을 만큼 담백한 맛을 지닌 멋진 요리가 채소 구이입니다. 진짜 맛있는 건 재료가 가진 그 맛 그대로 먹는 것이지요. 재료가 신선해야 하는 것은 언제나처럼 첫 번째 조건입니다. 채식을 하려면 생것을 잘 먹어줘야 몸의 생명력을 높여주지만, 오래 전에 야생성을 잃어버린 몸은 생것을 받아들이기가 힘겹습니다. 그래서 살짝 익힌 것을 주면 반가워하고, 소화 흡수도 더 잘됩니다. 식구가 적을 땐 팬에 굽지만, 많은 양을 구울 때는 오븐에 굽는 것도 좋습니다. 밥상의 반찬으로가 아니라 그대로 한 끼니의 식사로 준비해도 좋은 요리입니다. 채소 구이를 메인 요리로 하고, 곁들이로 동글 주먹밥을 함께 내어놓으면 멋진 한 그릇 요리가 되지 않을까요? 너무 소박하여 밋밋하고 심심하다면 다양한 소스를 활용해서 다채로운 맛을 즐길 수도 있습니다.

나른해진 입맛을 살리는
된장 고추장 장떡

TIP | 계절에 따라서 재료를 달리할 수 있다. 봄에는 쑥, 민들레, 냉이, 원추리, 머위 싹, 찔레 순, 칡 순 등도 좋고, 당귀나 방풍 잎도 부침 재료로 좋다. 배초 향이라고도 불리는 방아는 잎과 꽃을 다 쓸 수 있다.

| 재료 | 깻잎 10장, 고수 2줄기, 애호박 1/2개, 청양 고추 1개, 된장 1큰술, 고추장 1큰술, 현미 가루 1.5컵, 현미유 1/2컵, 물 1컵

1 깻잎은 잘게 썰고, 애호박은 채 썰고, 고수와 청양 고추는 다진다.
2 준비한 1에 현미가루를 넣어서 잘 버무린다.
3 2의 재료를 반으로 나누어서 각각 된장과 고추장을 넣어 반죽한다.
4 각각의 반죽에 물을 1/2컵씩 붓고 되직하게 갠 다음 현미유를 두른 팬에서 함께 노릇하게 굽는다.

색다른 창작 요리
콩전

TIP | 콩 씹히는 고소한 맛과 사과의 신선한 맛이 잘 어울리는 부침인데, 반죽이 묽으면 재료가 흩어지니 주의해야 한다. 반죽 농도가 잘 맞지 않아서 흩어질 땐 통밀가루를 약간 넣어줘도 되지만 밀가루 양이 적을수록 맛있다.

| 재료 | 메주콩 1컵, 사과 1/2개, 가지 1/2개, 풋고추 2개, 소금 3작은술, 현미유 1/3컵, 물 1/2컵

1 메주콩은 3~4시간 불려서 건진 다음 물을 붓고 갈아둔다.
2 사과는 결대로 얇게 썰고, 가지와 고추는 생긴 대로 동글 썰기 한다.
3 준비한 1과 2에 소금을 넣고 잘 섞은 뒤 현미유를 두른 팬에 올려 지진다.

그리운 고향의 맛
녹두 부침

TIP | 다른 채소가 없을 땐 김치만 썰어 넣고 부쳐도 맛있다. 다만 녹두를 갈 때 물의 양에 주의한다. 너무 묽으면 질척해지고, 그래서 다른 가루를 첨가하면 녹두전 맛이 반감된다. 반죽이 너무 되직해도 부드러운 녹두전 맛이 나지 않는다. 입에 살살 녹도록 부드럽게 부치려면 구울 때 가장자리에 작은 방울이 튀어오를 만큼 묽은 게 좋다.

| 재료 | 녹두 1컵, 불린 고사리 1/3컵, 데친 숙주 1/3컵, 팽이버섯 1줌, 김치 2잎, 소금 3작은술, 현미유 1/2컵, 물 1/2컵

1. 녹두를 물에 3~4시간 불린 다음 물을 붓고 분쇄기에 간다. 이때 물은 콩이 갈릴 정도로만 붓는다. 많이 부으면 반죽이 너무 질어진다.
2. 고사리, 숙주, 팽이버섯, 김치를 잘게 썰어 준비한다.
3. 간 녹두에 2의 재료와 소금을 넣고 잘 섞어준다.
4. 달군 팬에 현미유를 넉넉히 두르고 반죽을 동글납작하게 부어 지진다.

오곡가루로 빚은
늙은 호박전

TIP 1 늙은 호박 1/6개 분량이라 함은 어른 주먹만한 감자 크기라고 보면 된다.

TIP 2 늙은 호박은 숟가락으로 긁어야 제 맛이 난다. 쉬운 방법으로 채로 썰 수도 있지만 입 안에서 녹는 맛을 즐길 수는 없다. 오곡가루에 수분이 많이 있기 때문에 물을 따로 넣지 않는다. 다만 말린 오곡가루일 때는 적당한 양의 물을 넣어줘야 한다.

| 재료 | 늙은 호박 1/6개, 오곡가루 2컵(만드는 법은 이 책 21쪽), 소금 3작은술, 현미유 1/3컵

1 늙은 호박은 씨를 빼내고 숟가락으로 긁어 1컵 분량을 만든다.
2 준비한 호박에 오곡가루와 소금을 넣어서 잘 반죽해 둥글납작하게 빚은 다음 달군 팬에 현미유를 두르고 굽는다.

해독과 항암에 좋은
참송이버섯전과 표고버섯전

TIP 1 도토리묵가루 대신 도토리 부침가루를 써도 되는데, 이때는 통밀가루를 섞을 필요가 없다.

TIP 2 프라이팬을 이용해서 재료를 볶거나 지질 때는 반드시 팬을 달군 다음에 기름을 두르고 기름이 뜨거워진 다음에 재료를 넣어야 느끼하지 않고 파삭한 식감을 즐길 수 있다.

| 재료 | 생표고버섯 8개, 참송이버섯 5개, 도토리묵가루 2/3컵, 통밀가루 2/3컵, 소금 1/2큰술, 현미유 4큰술, 물 1컵

1. 표고버섯과 참송이버섯을 얇게 저며 썰어 마른 통밀가루를 가볍게 무쳐놓는다.
2. 남은 통밀가루와 도토리묵가루를 잘 섞어서 준비한 물을 붓고 반죽옷을 만든다.
3. 1에 반죽옷을 입힌 다음 달군 프라이팬에 현미유를 두르고 노릇하게 지진다.

스낵처럼 자꾸 손이 가는
팽이버섯전과 느타리버섯전

TIP | 팽이버섯과 느타리버섯은 물에 씻으면 물을 흠뻑 먹기 때문에 감자 전분에 따로 물을 넣지 않아도 된다. 다만 전분이 너무 많거나 너무 적으면 아삭한 맛이 덜하니 감자 전분을 고르게 묻히는 데 유의한다. 조리법은 간단하지만 감자 전분 묻히는 요령과 지질 때 불의 온도, 기름의 양 등이 맛을 좌우한다.

| 재료 | 팽이버섯 1줌, 느타리버섯 1줌, 감자 전분 1컵, 소금 3작은술, 현미유 3~4큰술

1 팽이버섯과 느타리버섯은 물에 가볍게 씻어 각각 가늘게 찢어둔다.
2 손질한 버섯에 소금을 넣고 감자 전분을 고르게 묻힌다.
3 달군 팬에 현미유를 두르고 버섯을 올려 중불에서 노릇하게 지진다.

고정 관념을 뒤엎는 새로운 맛
세 가지 묵전

| 재료 | 도토리묵·클로렐라묵·메밀묵 각 1/3개, 노랑·빨강 파프리카 각 1/8개, 깻잎 3장, 통밀가루 1컵, 소금 1/2큰술, 현미유 3~4큰술, 물 2/3컵

1 묵은 각각 1cm 두께로 썰고, 파프리카와 깻잎은 잘게 썬다.
2 1/3컵의 통밀가루를 묵에 묻혀놓는다.
3 2/3컵의 통밀가루에 물과 소금, 준비한 파프리카와 깻잎을 넣고 잘 섞어 반죽옷을 만든다.
4 2에 3의 반죽옷을 입혀서 달군 프라이팬에 현미유를 두르고 지진다.

TIP | 최근에는 오미자묵, 올방개묵 등 여러 묵 종류가 나와 있으니, 다양하게 활용해도 좋겠다. 특유의 향과 색깔로 건강하면서도 화려한 묵전을 만들 수 있다.

아이들도 좋아하는
치즈 가지전

TIP | 가지는 노폐물을 씻어내고 피를 맑게 하는 성분이 있고 기름에 잘 용해되기 때문에 볶거나 지져 먹으면 좋다. 가지를 잘 안 먹는 아이들도 치즈 넣은 가지전은 좋아한다.

| 재료 | 가지 2개, 모짜렐라나 체다 치즈 1줌, 통밀가루 1.5컵, 소금 2작은술, 현미유 1/2컵, 물 1컵

1. 가지를 3mm 정도의 두께로 썰어서 엷은 소금물에 담갔다가 건진다. 치즈는 얇게 썬다.
2. 통밀가루 1컵에 물을 섞어 반죽한다.
3. 가지 2장 사이에 치즈를 넣고 남겨둔 통밀가루를 묻힌다.
4. 3에 2의 반죽옷을 입혀 달군 팬에 현미유를 두르고 노릇하게 지져낸다.

봄이 전해주는 고소함
돌나물 감자전

TIP | 생명력이 강한 돌나물은 돌 틈 사이에서 볼 수 있는데, 흔히 고추장을 넣고 무쳐서 많이들 먹는다.

| 재료 | 돌나물 1줌, 감자 2개, 도토리가루 1/3컵, 통밀가루 1컵, 소금 2작은술, 현미유 3큰술, 물 2/3컵

1. 감자는 2mm 정도의 두께로 썰어서 찬물에 담갔다가 건져서 물기를 빼고, 돌나물은 적당한 길이로 다듬어놓는다.
2. 감자와 돌나물에 통밀가루를 입힌다.
3. 도토리가루 1/3컵에 물 1/3컵과 소금 1작은술을 넣고, 통밀가루 1/3컵에도 물 1/3컵과 소금 1작은술을 넣어 각각의 반죽옷을 만든다.
4. 달군 팬에 현미유를 두르고, 감자는 도토리가루 반죽옷을 입혀 지지고, 돌나물은 통밀가루 반죽옷을 입혀서 지진다.

쫄깃하고 향긋한 맛
깻잎 감자전

TIP | 감자를 강판에 갈면 색이 쉽게 변하긴 하지만 성분 손실도 적고 맛도 좋다. 너무 묽어서 굽기가 어려울 때는 마른 감자 전분을 두어 숟가락 보태면 굽기가 쉽다.

| 재료 | 감자 2개, 깻잎 5장, 소금 2작은술, 현미유 3큰술

1. 감자를 분쇄기나 강판에 갈아 체에 거른다.
2. 체에 걸러 내린 물에서 윗물을 따라내고 밑에 가라앉은 앙금과 감자 건더기를 따로 준비해 둔다.
3. 깻잎을 잘게 썰어 감자 건더기와 앙금을 섞고 소금을 넣어서 반죽한다.
4. 달군 팬에 현미유를 두르고 노릇하게 지진다.

초여름의 향긋한 별미
가죽나물전과 고춧잎전

| 재료 | 가죽나물 1줌, 고춧잎 1줌, 메밀가루 1/3컵, 통밀가루 1.5컵, 치자 2개, 현미유 5~6큰술, 물 1.5컵

1 치자는 쪼개서 2/3컵의 물에 30분 정도 담가둔다.
2 가죽나물은 줄기와 잎을 따로 떼어 줄기의 굵은 부분을 방망이로 두드리고, 고춧잎은 씻어서 물기를 빼둔다.
3 메밀가루 1/3컵에 통밀가루 1/3컵을 섞은 가루에는 물 2/3컵을 부어 반죽하고, 통밀가루 2/3컵에는 1의 치자물을 부어 반죽하여 각각의 반죽옷을 만들어놓는다.
4 가죽나물과 고춧잎에 남은 통밀가루를 가볍게 입힌 다음 가죽나물에는 메밀가루와 통밀가루를 섞은 반죽옷을 입히고, 고춧잎에는 치자물 넣은 통밀가루 옷을 입힌다. 달군 팬에 현미유를 두르고 노릇하게 지진다.

TIP 1 부침이나 튀김의 반죽옷을 만들 때의 배합 비율은 가루와 물을 같은 양으로 준비하면 되는데, 메밀가루는 점성이 높기 때문에 물을 조금 많이 넣고 통밀가루는 점성이 낮아서 물을 조금 적게 넣으므로 어떤 가루를 쓰느냐에 따라서 물을 10% 정도 더 넣거나 덜 넣으면 된다. 반죽 농도가 되직하면 파삭한 맛이 덜하고 너무 묽으면 처진다는 점에 유의한다.

TIP 2 시중에서 판매하는 메밀 부침가루는 밀가루가 첨가되어 있기 때문에 밀가루를 따로 섞지 않아도 된다.

밭에서 바로 딴 듯 싱싱한 맛
고추 호박 감자전

TIP | 감자를 물에 담그는 이유는 감자가 갈색으로 변하는 것을 막기 위해서다.

| 재료 | 감자 2개, 애호박 1/2개, 풋고추 5개, 홍고추 1개, 소금 1/2큰술, 통밀가루 1컵, 현미유 4큰술, 물 2/3컵

1. 감자는 깨끗이 씻어서 껍질째 0.5cm 두께로 썰어 물에 담가놓는다.
2. 애호박도 감자처럼 썰고, 풋고추는 반으로 쪼갠다. 홍고추는 다져놓는다.
3. 준비한 재료들의 물기를 털어낸 다음 1/3컵 분량의 통밀가루를 골고루 묻혀둔다.
4. 2/3컵 분량의 통밀가루에 소금 1/2큰술, 물 2/3컵, 다진 홍고추를 넣고 반죽옷을 만들어 준비해 둔 3의 재료에 묻혀서 노릇하게 지진다.

고명으로 고급스러움을 더한
두부전

TIP | 당근과 버섯 외에 고추나 미나리, 깻잎 등으로 색을 내도 곱다.

| 재료 | 두부 1모, 당근 1/5개, 목이버섯 2장, 통밀가루 1컵, 소금 3작은술, 현미유 2큰술, 물 2/3컵

1. 당근은 2cm 길이로 채 썰고, 목이버섯은 물에 불려 잘게 썬다. 두부는 10조각으로 썰어 소금 1작은술을 뿌리고 통밀가루 1/3컵을 묻힌다.
2. 2/3컵의 통밀가루에 준비한 목이버섯과 당근, 소금 2작은술, 물 2/3컵을 넣고 반죽옷을 만든다.
3. 1의 두부에 2의 반죽옷을 입힌 뒤 달군 팬에 현미유를 둘러 노릇하게 지진다.

품격이 있는 소박함
새송이버섯 구이

| 재료 | 새송이버섯 4개, 풋고추 2개, 소금 3작은술, 참기름 1큰술, 통깨 1큰술

TIP 1 수분이 많은 버섯을 그냥 익히면 미끌거리는 맛이 나므로 가급적 기름을 사용하지 않아야 쫄깃한 맛과 향이 살아난다. 버섯의 수분을 팬의 열기로 날려준다는 생각으로 노릇하게 구우면 쫄깃한 식감이 고기 못지않다.

TIP 2 참기름 대신 생들기름으로 무쳐도 향이 좋다.

1. 새송이버섯은 저며 썰고, 풋고추는 동글 썰기 한다.
2. 달군 팬에 새송이버섯과 풋고추를 굽는다. 새송이버섯을 구울 때는 수분이 빠지도록 살짝 누르면서 굽는다.
3. 노릇하게 구워지면 소금과 참기름으로 무쳐서 그릇에 담는다. 마무리로 통깨를 뿌린다.

오메가 3와 비타민 C의 만남
파프리카 구이

TIP | 파프리카는 생으로 먹어도 맛있지만, 살짝 익히면 단맛이 더 강해지고 따뜻해져서 몸에서 부드럽게 흡수된다.

| 재료 | 노랑·빨강·주황·초록 파프리카 각 1개씩, 생들깨 수북이 4큰술, 들기름 4큰술, 소금 2작은술

1 모든 파프리카를 3cm 정방형으로 썬다.
2 잘 씻어 말린 생들깨를 찧거나 분쇄기에 갈아서 들기름과 소금을 넣고 섞어 소스를 만든다.
3 달군 팬에 파프리카를 넣고 살짝 구운 뒤 준비한 들깨소스를 곁들여서 낸다.

눈으로 먼저 맛을 느끼는
단호박 구이

| 재료 | 단호박 작은 것 1개, 풋고추 1개, 홍고추 1개, 집간장 3큰술, 현미 식초 2큰술, 통깨 1큰술

1. 단호박은 반으로 쪼갠 다음 3mm 정도로 반달 썰기 한다.
2. 풋고추와 홍고추는 얇게 동글 썰기 한다.
3. 풋고추, 홍고추, 간장, 식초, 통깨는 잘 섞어서 소스를 만들어둔다.
4. 달군 팬에 단호박을 노릇하게 구워서 그릇에 담고 소스를 곁들여 낸다.

낯선 만남, 살아있는 상큼함
애호박 사과 구이

TIP | 심플하지만 독특한 맛의 즐거움을 주는 음식이다. 가벼운 저녁식사로 애용해도 좋다.

| 재료 | 애호박 1/2개, 사과 1개, 토마토 3개, 집간장 1큰술, 생강가루 1작은술, 청양 고추 1/2개

1 애호박은 두께 2~3mm로 동글 썰기 하고, 사과는 반으로 쪼개 모양 그대로 0.5cm 두께로 썬다. 청양 고추는 잘게 다진다.
2 토마토를 잘게 썰어 졸여서 토마토 농축액(만드는 법은 이 책 26쪽 참조)을 만든 다음 거기에 간장과 생강가루, 다진 청양 고추를 넣어 토마토소스를 만들어둔다.
3 달군 팬에 애호박과 사과를 얹어 구운 다음 준비한 토마토소스를 끼얹어 낸다.

고구마의 재발견
고구마 소금 구이

TIP | 고구마를 물에 담갔다가 건져야 전분이 빠져서 태우지 않고 굽기가 쉽다. 아이들 간식으로도 좋고, 도시락 반찬으로도 좋다.

| 재료 |　고구마 2개, 소금 3작은술, 통깨 1큰술

1. 고구마를 깨끗이 씻어서 껍질을 반쯤 벗긴 다음 7mm 굵기로 동글 썰기 한다.
2. 전분 기가 빠지도록 고구마를 물에 1~2분 담갔다가 건진다.
3. 팬에 고구마를 넣고 뚜껑을 덮어 속까지 익힌다.
4. 소금과 통깨를 뿌려 마무리한다.

패스트 푸드는 넘볼 수 없는 맛
치즈 감자채 구이

TIP | 감자를 곱게 채 썰면 절단면 사이로 전분이 흘러나와 서로 잘 붙는다. 찬물에 담가 전분을 씻어내면 구울 때 눋지 않고 맛있게 구워진다.

| 재료 | 감자 2개, 체다 치즈 50g, 소금 3작은술, 현미유 3큰술

1. 감자를 가늘게 채 썰어서 찬물에 3분 정도 담갔다가 채에 받쳐 물기가 충분히 빠지도록 한다.
2. 체다 치즈는 가로 1cm, 세로 4cm로 썰어둔다.
3. 달군 팬에 현미유를 두른 다음 감자채를 한입 크기로 모양을 잡아 팬에 올리고, 그 위에 소금을 뿌려 노릇하게 굽는다.
4. 감자채 위에 치즈를 얹어 녹아내리면 그릇에 담아 낸다.

재빨리 만드는 영양식
양송이 채소 구이

TIP | 채소 본래의 신선하면서도 깊은 맛을 즐길 수 있는 반찬이다. 다만 베이스가 되는 간장과 식초와 기름이 맛있고 신선해야 한다.

| 재료 | 양송이버섯 1줌, 꽈리고추 12개, 가지 작은 것 1개, 집간장 4큰술, 현미 식초 2큰술, 들기름 1큰술, 고춧가루 2작은술

1. 양송이버섯은 저며 썰고, 가지는 양송이 정도의 크기로 썰고, 꽈리고추는 씻어놓는다.
2. 간장, 식초, 들기름, 고춧가루를 잘 섞어 소스를 만든다.
3. 달군 팬에 가지, 양송이버섯, 꽈리고추를 넣고 구운 다음 준비한 2의 소스와 함께 낸다.

자연 요리 알고 만들기 3

자연 요리와 채식

요즘은 자연식이란 말이 트렌드가 된 듯싶어요. '자연식'이란 무엇일까요? 말 그대로 '자연 그대로의 음식'을 말합니다. 저는 육식보다는 채식이 자연식에 가깝다고 여깁니다. 그런 저에게 "식물을 먹는 것 역시 다른 생명을 먹는다는 점에서는 같은 것이 아니냐?"고 묻는 이들이 더러 있습니다. 지구상에는 수많은 생명 종이 살고 있고 서로 연결되어 영향을 주고받으므로 서로의 생명 활동에서 홀로 자유스러울 순 없습니다. 그러나 의식 활동이 자유로워 여기저기 돌아다닐 수 있고 자기 감정을 인간만큼은 아니지만 나름대로 소통할 수 있는 동물 세계와, 뿌리를 땅에 내리고 수용적인 삶을 사는 식물 세계는 좀 다르다고 느낍니다. 식물을 경작하고 거두어들일 때의 감정이나 정서와 동물을 잡아먹을 때의 감정과 정서도 다릅니다. 더욱이 사람이 자신의 생명을 잘 돌보기 위해서 먹는 수준과 그것을 넘어 쾌락이나 탐욕을 가지고 먹는 수준 또한 다르지요. 동물이나 식물은 목숨을 거둘 때의 모습도 다릅니다. 식물은 조용히 말라가는 걸로 수명을 다하지만, 동물은 죽임을 당할 때 발버둥치고 괴로워합니다.

이런 점에서 식물로 만든 채식 요리는 상대적으로 순수하고 깨끗합니다. 쓰레기 양도 육류 요리를 할 때와는 비교할 수 없을 만큼 적습니다. 육류의 부산물보다 분해도 잘됩니다. 우리 몸에서 대사 작용도 훨씬 잘됩니다. 더 중요한 사실은 이러한 식생활이 지구를 훨씬 덜 더럽힌다는 것입니다. '자연식을 한다'는 것은 이런 여러 가지 생각들이 모이고 정리되어 드러난 행동입니다. '편안하고 조용하며, 군더더기가 없고 소박하며 아름다운 것'이 자연이 주는 감동이라면, 자연식을 만들고 먹으면서도 이런 느낌이 들겠지요. 많은 이들이 채식으로 만든 자연식을 먹고 나면 속이 편안하고 행복한 느낌이 든다고 하는 것도 이런 이유에서일 것입니다. 식물을 먹음으로써 식물의 수용성과 헌신성을 배우게 된다는 점 또한 자연식을 하면서 얻는 큰 선물입니다.

찜·조림

찜과 조림에서 특히 중요한 것이 화력을 잘 사용하는 것입니다. 재료의 단단함이나 크기, 양, 또 물의 양에 따라서도 화력을 달리 해야 해요. 일반적으로는 센불에서 시작해 중간불로 줄이다가 약불에서 뜸을 들입니다. 이때 뚜껑을 열어놓고 졸여야 빛과 맛이 좋아집니다.

가장 간단하면서도 가장 까다로운 조리법, 찜과 조림 요리

음식을 잘 만들기 위해 가장 중요한 점은 좋은 재료를 선택하는 것이고, 그 다음이 레시피입니다. 그런데 이것이 다가 아닙니다. 정작 요리의 완성도를 높이는 것은 요리에 쓰는 물과 불이에요. 물의 질과 양, 그리고 화력이 요리의 디테일을 완성하지요. 물의 양은 레시피를 참고할 수 있겠지만, 실제로는 화력에 따라서 그 물이 어떻게 조리될지 결정됩니다. 달리 말하면 물이 조금 많거나 적더라도 어떻게 화력을 조절하는가에 따라 전혀 다른 맛과 식감을 내는 것입니다.

찜과 조림 요리에서 특히 중요한 것이 이 화력을 잘 사용하는 것입니다. 증기를 이용한 찜 요리를 할 때는 불이 세야 합니다. 그리고 익고 난 다음에는 재빨리 뚜껑을 열어서 증기를 날려주어야 물컹거리지 않아요. 조림을 할 때는 재료의 단단함과 크기에 따라서 화력을 달리 해야 하고, 재료의 양이나 물의 양에 따라서도 달리 해야 하므로, 조림이야말로 가장 까다로운 조리법이라고 할 수 있습니다. 일반적으로는 센불에서 시작해 중간불로 줄이다가 약불에서 뜸을 들입니다. 이때 뚜껑을 열어놓고 졸여야 빛과 맛이 좋아집니다.

찜 요리로 분류되는 음식은 두 가지가 있는데, 하나는 증기만으로 재료를 익혀 만드는 요리이고, 다른 하나는 부드럽게 엉길 정도로 졸여서 만드는 음식이에요. 이때 부드럽게 엉길 수 있도록 감자 전분이나 찹쌀가루, 쌀가루를 사용합니다. 조림을 할 때는 단백질 성분이 있는 재료에 염기가 들어가면 조직이 단단해지기 때문에 간장이나 설탕을 넣기 전에 재료를 맹물에서 충분히 익혀줘야 한다는 것을 특별히 유의해야 합니다.

찜

담백한 맛을 가장 잘 즐길 수 있는 요리가 채소 찜 요리가 아닐까 싶어요. 특히 더운 여름철에 입맛도 떨어지고 음식하기도 귀찮을 때, 물을 조금만 부어 익힌 채소에 양념장을 곁들이면 신선한 맛을 즐길 수 있습니다. 채소를 그냥 찌는 것보다는 콩가루나 곡물가루를 입혀서 찐 다음 양념장에 찍어 먹어도 맛있는데, 이런 채소 찜 요리 중에 내가 아주 좋아하는 것이 바로 채소 만두입니다. 다진 채소에 버섯이나 두부, 거기에 호두나 잣을 첨가하여 만든 소를 배춧잎으로 감싸서 찐 채소 만두는 고기 만두와 달리 식어도 맛있어요. 찜 요리를 할 때 유의할 점은 다 익고 나면 뚜껑을 열어서 한 김 나가도록 식히는 거예요. 증기 방울이 완성된 음식 위에 떨어지면 질척해져서 맛이 반감됩니다.

조림

냉장고가 없던 시절, 음식을 오래 두고 먹을 수 있는 조리법 중의 하나가 조림입니다. 주로 단단한 뿌리채소나 열매를 졸여두면 밑반찬이나 도시락 반찬으로 쓰임새가 좋지요. 요즘은 도시락 쌀 일이 없어졌으니 각 가정에서 조림 밑반찬을 해두는 일이 적어진 듯하지만, 입맛이 없을 때 금세 시장기를 돋워주는 것이 조림 반찬이니 한두 가지 정도는 만들어두면 요긴할 거예요.

조림 양념으로는 된장, 간장, 고추장을 주로 쓰고, 단맛을 내기 위해 조청이나 설탕, 발효액 등도 쓰는데, 같은 단맛을 내지만 각각의 쓰임새는 다르다는 걸 알아두면 좋습니다. 맛은 같아도 성질은 다르다는 얘기인데, 조청은 아무리 오랫동안 졸여도 끈적한 기운을 갖는 재료이고, 설탕은 녹았다가 식으면 단단해지는 성질이 있기 때문에 조림 음식을 할 때 약간 여물어지는 정도의 단맛으로 쓰임새가 좋아요. 약성을 높여주고 싶을 땐 발효액으로 단맛을 내기도 합니다. 당도가 높을수록 윤기가 잘 나는 법인데 시중에서 판매하는 조림 식품처럼 윤기나게 하려면 몸에 해로울 만큼의 설탕을 사용해야 할 겁니다. 윤기와 빛깔을 좋게 하고 싶다면 조림 마무리 과정에서 조청을 조금 넣어주면 됩니다.

모양, 맛, 영양의 세 박자
애호박 노각 완두콩찜

TIP 1 증기에 익히려면 반드시 물이 끓기 시작하여 증기가 나올 때 재료를 안쳐야 한다는 점에 유의하고, 증기가 잘 나오도록 센불에서 조리하는 것이 원칙이다.

TIP 2 겨자는 주로 뜨거운 김을 쏘여 발효시키지만, 겨자가루를 간장에 타서 잠시 두면 약한 발효가 일어나서 맵지 않게 먹을 수 있다.

| 재료 | 애호박 1개, 노각 작은 것 1개, 완두콩 10개, 집간장 2큰술, 현미 식초 1큰술, 겨자가루 1/2큰술

1 노각은 껍질째 1.5cm 두께로 썰고, 애호박은 1cm 두께로 썬다.
2 완두콩은 끓는 물에 삶아 건져놓는다.
3 찜솥에 물을 부어 끓여서 김이 오르면 노각과 애호박을 넣어서 반숙 정도로 익힌다.
4 재료들을 카나페처럼 그릇에 담고 간장, 식초, 겨자가루 섞은 소스를 끼얹는다.

강렬한 컬러, 색다른 식감
비트찜

TIP | 비트는 철분이 많고 이뇨와 정혈 작용을 하며 질 좋은 무기질 함양이 높아서 특히 가임기 여성에게 좋은 식품이다. 비트를 삶아서 먹어보면 달착한 맛이 입맛을 끌어당긴다. 식감이 특별해 삶아서 소금에만 찍어 먹어도 맛있다. 다이어트중이라면 저녁식사 대신 삶은 비트를 먹으면 좋다.

| 재료 | 비트 2개, 집간장 1큰술, 현미 식초 1/2큰술, 통깨 1/2큰술

1 찜솥에 물을 넣어 센불에 올려놓는다.
2 비트는 껍질째 1cm 두께로 썰어 찜솥에 증기가 올라오면 넣고 10~15분간 쪄낸다.
3 그릇에 찐 비트를 담고 간장과 식초, 통깨를 섞어 만든 소스를 끼얹어 완성한다.

한 끼 식사로도 충분한
양배추 롤찜

| 재료 | 양배추 잎 큰 것 5장, 적채 잎 2장, 오이 1개, 표고버섯 2개, 두부 1/2모, 완두콩 2큰술, 황잣 1큰술, 감자 전분 6큰술, 소금 1/2큰술, 후춧가루 1작은술, 바질 1큰술, 고춧가루 1/2큰술, 토마토소스 2컵(만드는 법은 이 책 26쪽), 물 1/2컵

1 양배추 잎은 삶아서 식혀두고, 완두콩은 삶아둔다. 적채와 오이는 가늘게 채 썰어서 10분간 소금에 절였다가 물기를 짠다. 두부는 으깨고, 표고버섯은 가늘게 채 썬다. 잣은 물에 헹궈 준비한다.
2 채 썬 적채와 오이, 으깬 두부, 채 썬 표고버섯, 잣을 섞어서 잘 버무리고 소금과 후추로 양념한다.
3 삶은 양배추 잎에 감자 전분을 골고루 뿌린다.
4 3 위에 양념한 재료를 올려 김밥처럼 잘 싼다.
5 냄비에 물과 토마토소스, 완두콩, 고춧가루, 바질을 넣고 끓으면 준비한 4를 넣어 쪄 낸다. 약불에 서서히 졸이듯이 쪄야 깊은 맛이 배인다.

고기 만두가 부럽지 않은
배추 만두찜

TIP 1 채소 만두는 차게 식혀서 먹어도 맛있는데, 특히 호두 씹히는 맛이 독특하다. 속이 남으면 동그랗게 빚어 감자 전분을 묻혀 찌면 맛있다.

TIP 2 간장에 식초 약간과 산야초 발효액을 넣어 만든 소스를 곁들인다.(산야초 발효액 만드는 법은 이 책 23쪽 참조)

| 재료 | 작은 배춧잎 20장, 배추김치 2~3줄기, 두부 1/2모, 숙주 2줌, 양송이버섯 10개, 호두 6알, 소금 2/3큰술, 후추가루 1작은술, 감자 전분 1/2컵

1 배춧잎은 살짝 데쳐놓는다.
2 양송이버섯과 호두는 잘게 다지고, 두부는 으깨 물기를 짠다. 배추김치도 다져서 물기를 짠다. 숙주는 데친 다음 다져서 물기를 짠다.
3 준비한 2에 소금과 후추를 넣어서 잘 버무린다.
4 데친 배춧잎에 감자 전분을 뿌린 다음 3을 넣고 잘 싼다.
5 속 재료가 남았을 때는 동글하게 빚어 감자 전분을 뿌린다.
6 김 오른 찜솥에서 5분 정도 익힌다.

파프리카가 어울리는
가지 고추장찜

TIP | 고추장과 가지가 잘 어울려서 얼큰한 맛을 즐기는 사람들에게 환영받는 음식이다.

| 재료 | 가지 2개, 빨강·노랑 파프리카 각 1/8개, 고추장 2큰술, 집간장 1큰술, 들기름 2큰술, 물 1/3컵

1. 가지는 꼭지를 따고 길이대로 칼금을 넣는다.
2. 파프리카는 모두 정방형으로 잘게 썬다.
3. 고추장에 간장과 들기름, 물, 썰어놓은 파프리카를 넣고 잘 섞어서 소스를 만든다.
4. 칼금 넣은 가지에 준비한 3을 고루 발라서 중불에서 맛이 배도록 쪄낸다.

미네랄이 듬뿍 들어 있는
미나리 톳나물찜

TIP | 생톳이 없을 때는 말린 톳을 물에 불려서 써도 좋다.

| 재료 | 미나리 2줌, 생톳 1컵, 홍고추 1개, 오곡가루 2/3컵(만드는 법은 이 책 21쪽), 집간장 4큰술, 고춧가루 수북이 1큰술, 생들깨가루 수북이 2큰술, 물 1/2컵

1. 생톳은 건져서 물기를 빼놓고, 홍고추는 4cm 길이로 가늘게 채 썬다.
2. 미나리는 잎과 줄기를 따로 떼어 준비하고, 줄기는 5cm 길이로 썬다.
3. 오곡가루에 물, 간장, 고춧가루를 넣고 개어 양념장을 만든다.
4. 냄비에 준비한 톳과 미나리, 홍고추를 넣고 3의 양념장을 부어 익힌다. 재료에 양념장이 배어들어 엉길 때 불을 끄면 된다.
5. 마지막으로 생들깨가루를 뿌려서 낸다.

자연의 맛이 그대로 담긴
가지 꽈리고추 애호박찜

| 재료 | 가지 1개, 꽈리고추 1줌, 애호박 1/2개, 생콩가루 1.5컵, 집간장 1/3컵, 현미 식초 2~3 큰술, 참기름 1큰술, 통깨 3작은술

1. 가지는 반으로 쪼개 4cm 길이로 썰고, 애호박은 생긴 대로 둥글 썰기 한다. 꽈리고추는 가지와 길이를 맞추어 썬다.
2. 준비한 재료에 생콩가루를 골고루 묻힌다.
3. 김 오른 찜솥에 베보자기를 깔고 준비한 2를 넣어서 한 김이 오를 때까지 찐다.
4. 간장, 식초, 참기름, 통깨를 섞어 양념장을 만들어, 쪄낸 재료에 뿌려서 낸다.

TIP | 센불에 물을 끓여 증기가 나오기 시작할 때 재료를 넣고, 익히고 난 다음에는 뚜껑을 잠시 열어두어 증기 빙울로 재료가 질척해지지 않도록 한다. 이런 채소류를 찔 때는 너무 익혀서 물컹해지지 않도록 각별히 주의한다.

달달함, 짭조름함, 고소함
단호박찜

| 재료 | 단호박 1개, 청양 고추 2개, 집간장 2큰술, 들기름 1큰술, 물 1/2컵

1 단호박을 반으로 잘라서 씨앗을 훑어낸 다음 12등분한다.
2 청양 고추는 어슷하게 썬다.
3 냄비에 물과 단호박, 청양 고추, 간장, 들기름을 넣고 폭 찐다.

간장만으로 다린
표고버섯 무찜

TIP | 매우 쉽고 간단하지만 놀랄 만큼 담백하고 감칠맛 나는 요리다. 슴슴하게 만들어서 식사 대신 먹어도 좋다.

| 재료 | 무 1/3개, 말린 표고버섯 6장, 다시마 10cm, 풋고추 2개, 집간장 2~3큰술, 약초맛물 2컵

1 무는 깨끗이 씻어서 껍질째 큼직하게 썬다.
2 표고버섯은 깨끗이 씻어 약초맛물에 담갔다가 건져서 2~3조각으로 썬다.
3 다시마는 2cm 길이로 썰고, 풋고추는 1.5cm 길이로 썬다.
4 냄비에 무, 표고버섯, 다시마를 넣고 약초맛물을 붓는다.
5 4에 간장을 넣고 센불에서 끓이다가 불을 낮추어서 간이 배도록 서서히 찐다. 거의 다 될 무렵 풋고추를 넣어서 마무리한다.

산사 음식처럼 정갈한
두부 감자찜

| 재료 | 감자 3개, 두부 1모, 표고버섯 8개, 집간장 3큰술, 약초맛물 2컵

1 감자는 깨끗이 씻어서 껍질째 큼직하게 4~5등분한다.
2 두부는 도톰하게 6등분하고, 표고버섯은 깨끗이 씻어서 약초맛물에 불려둔다.
3 냄비에 감자, 표고버섯을 넣고 약초맛물과 간장을 넣어 처음엔 센불에서 끓인다.
4 감자가 거의 익으면 두부를 넣고 불을 낮추어 양념이 잘 배도록 뜸을 들인다.

콩 단백질이 풍부한
껍질 완두콩과 유부 조림

TIP | 5~6월 즈음에 잠시 나오는 껍질 완두콩은 쪄서 간식으로 먹어도 좋다. 콩깍지를 까지 않고 그대로 사용하면 먹기 번거로운 면도 있지만, 그릇에 담았을 때 먹음직스러워 보여서 구미를 당기게 한다.

| 재료 | 껍질 있는 완두콩 1줌, 유부 5장, 집간장 5큰술, 원당 3큰술, 조청 1큰술, 물 1.5컵

1 유부는 굵게 썰어서 뜨거운 물에 데친 다음 찬물에 헹구어 기름기를 빼놓는다.
2 껍질 완두는 물을 붓고 끓여서 익으면 간장, 원당, 손질한 유부를 넣고 졸인다.
3 불을 낮추어 서서히 졸이다가 어느 정도 졸여졌을 때 조청을 넣어서 다시 한소끔 졸인다.
4 국물을 약간 남겨 완성한다.

영양 간식, 별미 반찬
여름콩 당근 조림

| 재료 | 완두콩 1컵, 옥수수 알 1컵, 당근 작은 것 1/2개, 원당 3~4큰술, 소금 1/2큰술, 물 1.5컵

TIP | 반찬으로도 좋지만, 볶음밥이나 다른 요리의 부재료로도 유용하게 쓰이니 넉넉하게 만들어둬도 좋다. 완두콩과 옥수수 알은 제철에 손질해서 냉동 보관해 두면 요긴하게 쓰인다.

1 완두콩과 옥수수 알은 잘 씻어두고, 당근은 1cm 정방형으로 썬다.
2 냄비에 물과 옥수수를 넣고 한소끔 끓인 다음 완두콩과 썰어둔 당근을 마저 넣고 끓인다.
3 완두콩이 익으면 소금과 원당을 넣고 국물이 자작하게 남을 때까지 졸인다.

두뇌 발육에 좋은 견과류 반찬
밤 호두 버섯 조림

TIP | 단백질과 불포화 지방산이 많은 밤과 호두, 그리고 항암 성분이 많은 표고버섯 등이 어우러진 맛있고 영양 많은 반찬으로 아이들도 잘 먹는다.

| 재료 | 밤 20개, 호두 10개, 말린 표고버섯 5장, 구기자 2큰술, 원당 수북이 3큰술, 소금 2큰술, 조청 2큰술, 물 3컵

1. 밤은 속껍질을 반쯤 벗기고, 호두는 큼직하게 준비한다. 말린 표고버섯은 물에 불려놓는다. 구기자는 물에 헹궈 준비해 놓는다.
2. 냄비에 밤과 표고버섯, 물을 넣고 끓여서 익힌다.
3. 밤이 익을 즈음에 호두와 구기자를 넣고, 소금과 원당을 넣은 다음 처음엔 센불, 와글와글 끓기 시작하면 중불로 낮추어서 서서히 졸인다.
4. 국물이 자작하게 되면 조청을 넣고 한소끔 끓여 완성한다.

유자 향이 감도는
연근 조림

TIP | 쉬운 듯해도 막상 해보면 식감이 졸깃하게 잘 되지 않는데, 맛있는 연근 조림의 비결은 처음부터 양념을 하지 않고 재료가 익은 다음에 양념을 넣는다는 것과 불 조절이다. 처음엔 센불로, 차차 중불, 약불로 줄여가는데, 화력에 따라 졸깃한 상태가 달라진다. 한두 번 해보면 감을 잡을 수 있다.

| 재료 | 연근 2개, 집간장 4~5큰술, 원당 1/2컵, 조청 1/2컵, 유자청 2~3큰술, 소금 1/2큰술, 물 4컵

1. 연근은 3mm 두께로 썰어서 물에 넣어 센불에서 익힌다.
2. 연근이 익으면 간장, 원당, 소금을 넣어서 중불에서 20분 정도 졸인다.
3. 물기가 잦아들면 조청과 유자청을 넣고, 약불에서 조금 더 졸여 윤기가 날 때쯤 완성한다.

입맛을 사로잡는 쫄깃한 맛
말린 도토리묵 조림

| 재료 | 말린 도토리묵 2줌, 집간장 4큰술, 원당 1/3컵, 참기름 1큰술, 통깨 1작은술, 물 1/2컵

1. 말린 도토리묵을 물에 1시간 정도 불린 다음 불린 물째로 불에 올려서 10분 정도 말랑말랑해질 때까지 삶는다. 너무 물컹거리게 삶으면 쫄깃한 맛이 없어지므로 단단한 기가 사라지면 불을 끄는 게 좋다.
2. 냄비에 삶은 묵을 넣고, 1/2컵의 물과 간장, 원당을 넣어서 졸인다.
3. 처음엔 센불에서 시작해 끓기 시작하면 불을 낮추어 서서히 졸여주다가 국물이 자작해지면 참기름과 통깨를 뿌려 완성한다.

장조림의 으뜸
애송이버섯 꽈리고추 조림

| 재료 | 애송이버섯 2줌, 꽈리고추 1줌, 집간장 5큰술, 물 1컵

TIP | 만드는 방법은 간단해도 쇠고기 장조림 못지않게 맛있다. 애송이버섯 외에 새송이버섯이나 양송이버섯을 써도 좋다. 간장 물을 두어 번 더 끓여 부으면 냉장고에서 20일 정도 저장이 가능하다.

1. 애송이버섯과 꽈리고추를 잘 씻어둔다.
2. 냄비에 물과 간장을 넣고 센불에서 끓인 다음, 다 끓으면 애송이버섯과 꽈리고추를 넣고 한소끔 더 끓은 뒤 불을 끈다.
3. 30분쯤 지난 다음에 애송이버섯과 꽈리고추를 건져낸다.
4. 남은 국물을 다시 끓여 국물이 2/3 정도 남게 되면 불을 끄고 애송이버섯과 꽈리고추에 붓는다.

쇠고기 장조림이 부럽지 않은
말린 버섯 장조림

TIP | 모든 조림은 익힌 다음에 뚜껑을 열고 국물을 얼마나 잘 끼얹어주느냐에 따라서 맛이 달라진다. 정성을 들이는 만큼 맛도 더 좋아진다.

| 재료 | 양송이버섯 10개, 새송이버섯 3개, 표고버섯 6개, 집간장 4큰술, 조청 1/2컵, 물 1컵

1. 버섯들을 먹기 좋게 잘라, 바람 잘 통하고 볕 잘 드는 곳에서 반나절 동안 꾸덕꾸덕해질 때까지 말린다.
2. 물에 간장과 1의 재료들을 넣고 졸이다가 5분 정도 지나면 불을 낮추어 조청을 넣고 서서히 졸인다.
3. 졸이면서 간장물을 끼얹어줘야 골고루 간이 배어들어 맛있고 윤기도 난다.

매력적인 꼬들꼬들함
콩나물 조림

TIP | 콩나물 조림은 씹는 식감이 독특하고, 달착하면서 짭조름한 맛이 입맛을 당기는 맛있는 반찬이다. 간장과 청양 고추만을 넣고 졸여도 담백한 맛이 일품이다.

| 재료 | 콩나물 1봉지, 풋고추 1개, 홍고추 1/2개, 집간장 2~3큰술, 원당 2큰술, 고춧가루 2작은술, 물 1컵

1. 콩나물은 잘 씻어 준비하고, 풋고추와 홍고추는 어슷 썰기 한다.
2. 콩나물을 냄비에 담고 물 1컵을 부어 익힌다.
3. 콩나물이 익으면 간장과 고춧가루를 넣어서 졸인다.
4. 어느 정도 물기가 남았을 때, 풋고추와 홍고추, 원당을 넣고 한소끔 끓인 다음 그릇에 낸다.

추억의 도시락 반찬
서리태 조림과 모듬콩 조림

TIP 1 원당을 넣으면 콩이 조금 단단해지므로 처음 콩을 삶을 때 무른 느낌이 날 정도로 푹 삶는 게 좋다.

TIP 2 콩 조림은 특히 화력이 중요하다. 간장과 원당을 넣고 난 다음 처음엔 센불로 졸이다가 국물이 반쯤 졸아들면 약불로 낮춰서 국물을 끼얹어 가면서 졸이고 마지막에 조청을 넣어주면 윤기가 나면서 완성도가 높아진다.

| 재료 |
서리태 조림 : 서리태 1컵, 집간장 1/2컵, 원당 2/3컵, 조청 2큰술, 물 4컵
모듬콩 조림 : 밤콩 1/3컵, 강낭콩 1/3컵, 메주콩 1/3컵, 집간장 1/2컵, 원당 2/3컵, 조청 2큰술, 물 4컵

1 서리태콩을 3~4시간 불린 다음 4컵의 물을 붓고 푹 삶아서 콩알이 터지도록 완전히 익으면 간장과 원당을 넣어서 졸인다.
2 모듬콩은 씻어서 3~4시간 담갔다가 4컵의 물을 붓고 푹 삶아서 완전히 익으면 간장과 원당을 넣어서 졸인다.
3 1과 2가 거의 다 졸여지면 각각 조청을 넣고 5분 정도 더 졸였다가 불을 끈다.

자꾸자꾸 손이 가는
땅콩 조림

TIP | 센불에서 빨리 졸여 간이 배이지 않아도, 약불에서 너무 오래 졸여 콩이 물러져도 맛이 덜하다. 콩을 촉촉이 적실 만큼 조림 국물을 남기는 것도 중요한 포인트다.

| 재료 | 생땅콩 2컵, 집간장 6큰술, 원당 수북이 2~3큰술, 조청 1큰술, 물 6컵

1. 땅콩에 물을 붓고 부드럽게 씹힐 때까지 삶는다.
2. 땅콩이 익으면 간장과 원당을 넣고 졸이는데, 처음에는 센불에서 졸이다가 간이 배어들기 시작하면 불을 낮추어서 서서히 졸인다.
3. 마지막에 조청을 넣고 4~5분 정도 더 졸여 완성한다.

색이 고와 더 당기는 맛
메주콩 조림

| 재료 | 메주콩 1컵, 집간장 3큰술, 원당 수북이 1~2큰술, 조청 1/2큰술, 물 4컵

1 메주콩에 물을 붓고 부드럽게 씹힐 때까지 삶는다.
2 메주콩이 익으면 간장과 원당을 넣고 졸이는데, 처음에는 센불에서 졸이다가 간이 배어들기 시작하면 불을 낮추어서 서서히 졸인다.
3 마무리로 조청을 넣고 4~5분 정도 더 졸여 완성한다.

찬물에 만 보리밥 반찬
콩장

TIP | 옛날 농가에서는 늘 준비되어 있던 밑반찬으로, 땀을 많이 흘리는 여름철에 부족하기 쉬운 나트륨을 보충하고 단백질을 공급해 주는 영양 반찬이다.

| 재료 | 메주콩 1컵, 집간장 1/3컵

1 잘 씻은 메주콩을 팬에 볶는다.
2 껍질이 톡톡 터질 정도로 익으면 준비한 간장에 담근다.

자연 요리 알고 만들기 4

재료의 색깔과 음식 궁합

최근 서양 요리에서는 '컬러 푸드'라는 말이 유행하고 있는데, 우리나라에서는 아주 오래 전부터 음식의 색과 합을 맞추는 오방색을 중요하게 여겨왔습니다. 음식의 색은 태양 에너지에서 뿜어 나온 빛이 만들어내는 것으로 음식에 담긴 영양 물질은 물론이고 그 생명성을 표현하고 있다고 생각했어요. 영양 물질이 눈에 보이고 만져지는 물질이라면, 생명 에너지 그 자체는 눈에 보이지 않고 만져지지도 않는 물질 이상의 그 무엇이고, 그것을 우리나라 조상들은 빛과 파동으로 느꼈던 것이지요. 그 빛과 파동을 우리 삶에 적용시키는 지혜가 있어서 모든 음식에 오방색을 맞추거나, 고명으로라도 다섯 가지 빛을 반드시 사용했습니다.

채소나 열매 역시 다섯 가지 색으로 나눌 수 있어요. 붉은 색을 띠는 먹거리로 살구, 비트, 영지, 수수 등이 있는데, 이것은 화火의 기운으로, 이 기운은 심장, 소장, 혀를 관장하고 쓴맛이 대표 맛이에요. 황색은 감, 참외, 단호박 등으로 토土의 기운을 가지며, 비장, 위장, 입을 관장하고 단맛이 우세해요. 흰색으로는 무, 배추, 복숭아, 배 등이 있고, 금金의 기운을 띠며 폐, 대장, 코를 관장하고 매운맛이 주됩니다. 검정색은 서리태, 서목태, 대두, 톳 등이 있고, 수水의 기운으로 신장, 방광, 귀, 뼈를 관장하며 짠맛이 대표 맛이에요. 청색과 녹색은 목木의 기운으로 간장, 담낭, 근육, 눈 등에 관여하며 신맛이 대표 맛으로 깻잎, 부추, 키위 등이 여기에 속합니다. 물론 오색과 오미가 일치하지 않는 경우도 종종 있는데 예컨대 대추나 구기자는 붉은 색을 띠지만 토의 기운을 지니며 맛은 단맛이 나고, 쑥과 익모초는 녹색이지만 화의 기운으로 쓴맛이 납니다.

색이 선명하게 살아있는 재료로 아름다운 느낌이 들도록 요리해서 정갈하게 담은 음식은 우리의 감정 선을 건드려 정서적인 충족감을 줍니다. 이러한 충족감이 들 때 의식의 순수성이 회복되고 힐링의 에너지가 솟아나게 됩니다.

절임

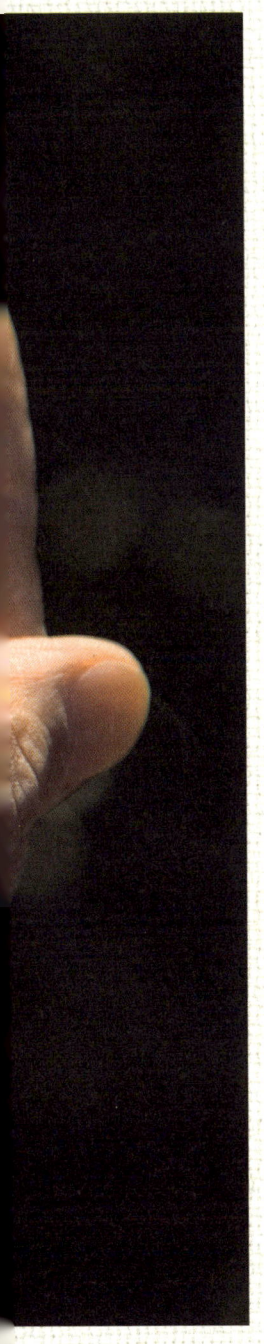

채소 절임은 우리 밥상에서 요긴한 밑반찬으로 약방의 감초 같은 역할을 했습니다. 잘 삭혀진 짭조름한 장아찌 한두 개로 밥 한 그릇 뚝딱은 예사지요. 냉장고에 장아찌 한 통만 보관하고 있어도 밥맛 없을 때 요긴하게 먹을 수 있고, 손님이 와도 전혀 걱정이 없습니다.

풍성하고 든든한 저장 음식, 절임 요리

　냉장고가 없던 시절에는 여러 가지 방법을 동원해 채소를 저장했는데, 그 첫 번째 방법이 햇볕에 말리는 건조법이고, 그 다음이 절임법입니다.
　채소 절임은 예전부터 우리 밥상에서 요긴한 자리를 차지하는 밑반찬으로 약방의 감초 같은 역할을 했습니다. 잘 삭혀진 짭조름한 장아찌 한두 개로 밥 한 그릇 뚝딱은 예사지요. 장아찌를 만들 때 담백하게 소금에 절이기도 하지만, 한 번의 발효를 거친 간장이나 된장, 고추장에 재료를 박아 넣고 다시 한 번 발효 과정을 거치면 그 맛과 향이 더욱 깊어져서 자꾸만 손이 가는 밥도둑 반찬이 되곤 합니다. 냉장고에 장아찌 한 통만 보관하고 있어도 밥맛 없을 때 요긴하게 먹을 수 있고, 손님이 와도 전혀 걱정이 없습니다.
　장에 담그는 장아찌는 그 재료가 워낙 다양하기 때문에 각각의 재료로 조금씩만 만들어둬도 장아찌 뷔페 상을 차릴 수 있을 정도로 풍성한 반찬거리가 됩니다. 대개는 어수리, 민들레, 방풍, 취, 명이, 원추리 등의 봄나물들로 많이 만드는데, 이것들을 손질하여 슬쩍 말려서 고추장이나 된장에 박아 삭혀서 먹습니다. 또 잎채소 외에도 새송이버섯을 꾸덕하게 말려서 고추장에 박아두면 졸깃한 식감이 고기를 씹는 듯한 느낌이 들어서 맛있고, 아삭하면서도 독특한 향이 나는 청경채는 별미처럼 느껴집니다. 또 재료 특유의 향이 그대로 살아있는 더덕, 씀바귀, 생강 등도 입맛을 살려주는 장아찌들이지요.
　재료와 어울리는 맛을 고려해 된장, 고추장, 간장, 초간장에 절여놓으면 오래 저장해 두고 먹을 수 있는 든든한 밑반찬이 됩니다. 오랜 시간 발효한 산야초 발효액을 넣어서 만든 장아찌는 바로 삭혀지기 때문에 담근 지 3~4일 후부터도 먹을 수 있습니다. 오래 묵혀서 저장한 맛이 그대로 살아나지요. 늦봄에 구한 매실로는 집간장만 부어서 삭히는데 시간이 지날수록 깊고 특별한 맛이 납니다. 특히 주먹밥 속 재료로 이용하기 아주 좋습니다. 한 해쯤은 묵혀야 깊은 맛이 나서 가장 긴 시간 발효해야 하지만 그만한 가치가 있습니다.

소금물에 담그는 담백한 맛이 나는 절임을 '지'라고 하는데, 주로 오이, 가지 등을 이용하지만 배추나 무를 이용할 수도 있습니다. 지는 맛이 깨끗하고 담백한 게 특징인데, 채소가 가진 향과 맛을 그대로 느끼기에 최고의 절임 반찬이라고 할 수 있습니다. 짜지 않게 담아서 냉장 보관하면 시간이 지나도 아삭하게 먹을 수 있습니다.

절임 반찬은 대개 제철에 나는 잎채소로 주로 만들기 때문에 4월이나 5~6월에 가장 많이 만들고, 고추나 가지, 오이 등은 가을 수확이 끝나기 전에 서둘러 만들기도 합니다. 절임을 할 때 특히 유의할 점은 절이고자 하는 재료에 수분이 많이 있으면 삭혀지는 동안 제 몸에서 물이 나와 장이 너무 묽어지고, 쉬 시어지거나 물러질 수 있으므로 적절히 수분을 말려줘야 한다는 것입니다. 이때 너무 말리면 질겨지고, 적게 말리면 물컹거리니 주의해서 말려야 해요. 손으로 만져보아 물기가 없고 꾸덕한 느낌이 들면 좋습니다. 볕이나 바람 잘 드는 그늘에서 꾸덕하게 잘 말린 산나물이나 버섯을, 산야초 발효액을 보태어 짠 맛이 덜어진 부드러운 된장이나 고추장에 박아서 한 달 이상 잘 삭힌 다음 꺼내서 먹습니다.

굳이 재료를 따로 준비하지 않고 먹다 남은 재료들을 활용해 특별하고 맛있는 반찬을 마련할 수 있다는 점에서 절임 반찬처럼 요긴한 게 없을 듯합니다.

반찬으로도 디저트로도 좋은
매실 설탕 절임

TIP | 식사 후에 디저트나 간식으로 먹으면 달콤새콤하면서 아삭거리는 맛이 입맛을 개운하게 해준다. 고추장에 버무린 장아찌도 특별한 별미가 된다.

| 재료 | 매실 2kg, 유기농 설탕 1kg

1. 매실을 깨끗이 씻은 다음 십자로 칼금을 넣는다.
2. 칼금 넣은 매실을 나무 방망이로 두드려 씨앗을 빼낸다.
3. 병이나 항아리에 매실, 설탕, 매실, 설탕 순으로 차곡차곡 재워서 뚜껑을 잘 덮은 다음, 1주일에 1번씩 설탕이 골고루 잘 섞이도록 뒤적거려 준다.
4. 2주일 정도 지나면 매실이 꼬들꼬들해지는데 그냥 먹어도 좋고, 고추장에 버무려서 밑반찬으로 만들 수도 있다.

만들어두면 쓰임이 많은
매실 간장 절임

TIP | 간장에 저장한 매실은 오래 두고 먹을 수 있고 시간이 흐를수록 깊은 맛이 나는데, 주먹밥 속에 박아 넣어도 좋고, 흰죽의 반찬으로도 좋다. 매실을 건지고 난 뒤의 간장은 샐러드 드레싱으로 이용할 수 있다.

| 재료 | 매실 2kg, 집간장 1컵

1 매실을 깨끗이 씻은 다음 십자로 칼금을 넣고, 나무 방망이로 두드려 씨앗을 빼낸다.
2 준비된 매실에 간장을 붓는다.
3 3일 정도 지난 다음 간장을 따라 내어 다시 한 번 끓인다.
4 끓인 간장물이 식으면 다시 매실에 부어서 저장한다. 100일 정도 지나면 먹을 수 있다.

버릴 것이 없는
수박 참외 절임

TIP | 수박 껍질과 씨 파낸 참외는 바람 잘 불고 볕 잘 드는 곳에서 한나절 꾸덕해질 때까지 말려 고추장에 박아 삭혀 먹으면 맛있는 장아찌가 된다. 고추장이 되직하면 매실 발효액이나 산야초 발효액을 섞어 넣고 간장으로 간을 맞춘다.(산야초 발효액 만드는 법은 이 책 23쪽 참조)

| 재료 | 수박 껍질 1/2개, 참외 3개, 집간장 2/3컵, 현미 식초 2/3컵, 원당 2/3컵

1 수박 껍질은 초록 부분과 붉은 부분을 도려낸 뒤 남은 흰 속살 부분을 먹기 좋은 크기로 썰고, 참외는 씨를 파낸 뒤 껍질째 반달 모양으로 썰어놓는다.
2 간장, 식초, 원당을 끓여서 뜨거울 때 준비한 1에 붓는다.
3 다음날 2의 간장물을 따라내고 그 물을 다시 끓여서 식힌 다음 재료에 부어서 냉장 보관한다.

소금에 절인 순수한 맛
가지 오이지

| 재료 | 가지 3개, 오이 5개, 소금 1/2컵, 물 6컵

TIP 1 가지나 오이가 소금물에서 떠오르지 않고 잘 삭혀지려면 그릇에 재료를 가득 차게 담는 게 좋다.

TIP 2 숙성된 가지 오이지를 동글 썰기 해 들기름과 다진 청양 고추를 넣고 무치면 입맛 돋우는 반찬이 되고, 동글 썰기 한 가지 오이지에 물과 다진 청양 고추를 넣으면 시원하고 매콤한 가지 오이 냉국이 된다.

1 가지는 꼭지를 따고 잘 씻어 물기를 빼고, 오이도 잘 씻어 물기를 빼 둔다.
2 물에 소금을 넣고 끓여 뜨거울 때 가지와 오이에 붓는다.
3 하루나 이틀 지나서 2의 소금물을 따라내고 그 물을 다시 한 번 끓여서 식힌 다음 가지와 오이에 붓는다.
4 먹기 직전 동글 썰기 하여 담아낸다. 냉장 보관해야 오래 두고 먹을 수 있다.

절임의 왕자
더덕 고추장 절임

| 재료 | 더덕 10개, 소금 1/2큰술, 고추장 2컵, 산야초 발효액 1/2컵(만드는 법은 이 책 23쪽), 집간장 4큰술, 물 1컵

TIP | 더덕은 인삼에 많은 사포닌을 함유하고 있어 사삼이라고도 하는데 담을 삭히고 기침을 멎게 하는 데 좋다. 껍질에 약성이 많으므로 껍질째 장아찌를 담그는 게 좋다.

1 더덕은 얇게 저며서 소금물에 5분 정도 담갔다가 꺼내 나무 방망이로 두드려서 부드럽게 만든다. 한 번에 세게 두드리면 더덕이 부서지기 쉬우므로 한 번 살살 두드렸다 다시 소금물에 담가 꺼내 또 살살 두드리기를 두어 차례 반복한다.
2 손질한 더덕의 물기를 마른 거즈로 잘 닦아낸다.
3 고추장에 산야초 발효액과 간장을 섞어서 2의 더덕을 박아 넣고 삭힌다. 실온에 하루쯤 두었다가 냉장 보관한다. 2~3주 후면 먹을 수 있다.

산나물 향이 그대로
가죽 쑥 두릅 고추장 절임

TIP | 잎이나 줄기가 억센 산나물은 너무 말리면 질겨지므로 유의한다. 고추장이 짜거나 달 때는 발효액과 간장으로 조절할 수 있다. 이렇게 담근 장아찌는 바로 먹어도 맛있다

| 재료 | 가죽나물 2줌, 두릅 2줌, 쑥 2줌, 고추장 2컵, 산야초 발효액 1/2컵(만드는 법은 이 책 23쪽), 집간장 4큰술

1 가죽나물은 줄기와 잎을 따로 떼어서 굵은 줄기는 나무 방망이로 가볍게 두드리고, 두릅도 씻어서 굵은 줄기는 조금 두드리고, 쑥은 깨끗이 씻는다.
2 손질한 재료를 바람 잘 드는 그늘에서 1시간 정도 말린다.
3 고추장에 산야초 발효액과 간장을 넣어 양념 고추장을 만든다.
4 용기에 쑥과 두릅, 가죽나물을 조금씩 넣고 양념한 고추장을 켜켜이 발라준다. 전체가 고추장에 박히도록 충분히 발라주는 것이 좋다.

약성이 고스란히 배어 있는
민들레 고추장 절임

| 재료 | 민들레 6줌, 고추장 2컵, 산야초 발효액 1/2컵(만드는 법은 이 책 23쪽), 집간장 4큰술

1. 민들레는 깨끗이 손질한 다음 씻어서 물기를 뺀다.
2. 1을 바람이 잘 통하는 그늘에서 1시간 정도 말린다.
3. 고추장에 산야초 발효액과 간장을 넣어 양념 고추장을 만든다.
4. 용기에 민들레를 조금씩 넣고 양념한 고추장을 켜켜이 발라준다. 전체가 고추장에 박히도록 충분히 발라주는 것이 좋다.

삭힐수록 깊은 향
명이 원추리 된장 절임

TIP | 명이는 울릉도에서 많이 나며 산마늘이라고도 한다. 원추리도 비슷한 향과 맛을 지닌 봄나물인데, 항암 작용과 항균 작용이 탁월하다. 간장 절임으로 만들어도 맛있다.

| 재료 | 명이 3줌, 원추리 3줌, 된장 2/3컵, 산야초 발효액 1.5컵(만드는 법은 이 책 23쪽)

1. 원추리와 명이는 잘 씻어서 바람 잘 드는 그늘에서 물기가 가시도록 말린다.
2. 된장에 산야초 발효액을 섞어서 짠맛을 없애고 묽게 만든 다음 준비한 1을 넣고 골고루 발라서 저장한다.

금방 먹어도 맛있는
엄나무순 된장 절임

| 재료 | 엄나무순 6줌, 된장 2/3컵, 산야초 발효액 1.5컵(만드는 법은 이 책 23쪽)

1 엄나무순을 씻어 바람 잘 드는 그늘에서 물기가 가시도록 말린다.
2 된장에 산야초 발효액을 섞어서 짠맛을 없애고 묽게 만든 다음 준비한 1에 골고루 발라 실온에서 하루 삭힌 다음 냉장 보관한다.

생활 습관병 환자에게도 좋은
오가피 곰취 방풍 간장 절임

| 재료 | 오가피순 3줌, 곰취 3줌, 방풍 3줌, 집간장 1/2컵, 현미 식초 1/2컵, 원당 1/2컵

1. 각각의 나물을 깨끗이 손질해 씻고 물기를 뺀 다음 그늘에서 1시간 정도 말린다.
2. 간장, 식초, 원당을 섞어 끓인다. 한 번 팔팔 끓으면 불을 끈다.
3. 끓인 간장물을 뜨거울 때 준비한 재료에 붓는다.
4. 다음날 간장물을 따라내어 다시 끓여 식힌 다음 재료에 부어서 냉장 저장한다.

약이 되는 밑반찬
생강 씀바귀 간장 절임

TIP | 봄에만 볼 수 있는 씀바귀는 잎과 뿌리, 줄기를 다 먹을 수 있는데, 쌉싸래한 맛이 입맛을 돌아오게 한다. 해열, 해독, 항암 성분이 있고 항산화 물질이 많아서 성인병 개선에 도움을 준다. 소염 작용이 있어서 즙을 내어 염증 치료에 쓰기도 한다. 고추장에 박아 절임을 해도 맛있다.

| 재료 | 생강 5개, 씀바귀 뿌리 3줌, 집간장 1/2컵, 현미 식초 1/2컵, 원당 1/2컵

1. 생강은 얇게 저민 다음 끓는 물에 잠시 데쳐 찬물에 10분 정도 담가 매운 맛을 제거한다. 씀바귀 뿌리는 먹기 좋은 길이로 손질하여 끓는 물에 잠시 데쳐 찬물에 10분 정도 담가 쓴맛을 제거한다.
2. 간장, 식초, 원당을 같은 양으로 배합해 끓여서 뜨거울 때 준비한 생강과 씀바귀에 붓는다.
3. 2~3일 지난 다음 따라낸 간장물을 다시 한 번 끓여서 식힌 뒤 생강과 씀바귀에 부어서 잘 삭힌다.

자연 요리 알고 만들기 5

껍질과 뿌리, 씨앗의 생명력

씨앗은 생명의 근원이고, 뿌리는 생명의 모태이며, 껍질은 우리 몸의 피부와 같은 것으로 생명의 보호막이에요. 이제까지 우리는 이 생명의 원천을 도려내고 부드러운 속살만 먹어왔으니 야생의 생명력은 잃어버리고 조금만 거칠어도 못 살 만큼 면역력과 저항력이 떨어졌습니다. 더 심각한 것은 편하고 부드러운 것일수록 중독성이 커서 점점 더 편한 것을 찾게 된다는 점이에요. 위와 장은 스스로를 헌신하기 위해 만반의 태세를 갖추고 있는데, 일할 거리를 주지 않고 나태하게 만들고 있으니 점점 무기력해져서 조금만 힘이 들면 주저앉아 버리는 것이지요. 껍질이나 뿌리, 씨앗을 먹으려면 많이 씹어야 하고, 씹는 동안 소화액이 더 많이 분비되어 대사 작용이 더욱 활발해집니다. 또한 어금니를 많이 활용함으로써 씹는 욕구가 충족되어 고기를 먹고 싶은 욕구를 누그러뜨리기도 합니다.

거친 재료를 꼭꼭 씹다보면 재료 본래의 맛과 향을 즐기게 되는 것도 큰 소득이에요. 그러나 부드럽게 먹는 게 습관이 되어버린 지금의 상태에서는 거친 음식을 먹는 것도 힘들고, 소화·흡수시키는 것도 잘 되지 않습니다. 그럴 땐 껍질을 반만 벗겨서 먹는다든지, 뿌리를 씹어보며 맛을 음미해 본다든지 하는 방법으로 점차적으로 다가가는 게 좋아요. 아무리 좋은 것이라도 익숙하지 않은 것을 억지로 받아들이게 하면 몸에 부작용이 생기게 마련이니까요.

몸과 마음을 본래 상태로 되돌리기 위해서는 대화와 화해의 과정이 필요합니다. 그리고 준비가 되었을 때 본격적으로 거친 식사를 시작합니다. 면역력을 키우는 데는 이들이 가진 생명력이 절대적으로 필요해요. 미래의 질병은 면역력과 깊은 관계가 있다고 하지요. 껍질과 씨앗은 꼭꼭 씹으면 고소한 맛이 느껴지기도 합니다. 그렇게 이 맛에 길들여지면 껍질과 씨앗을 먹는 것보다 안 먹는 게 더 힘들어질 거예요.

김치

'평화가 깃든 밥상'에서는 파, 마늘 등의 오신채를 사용하지 않고 김치를 담급니다. 오신채를 쓰지 않는 이유는 마늘과 젓갈의 좋은 점을 무시해서가 아니라, 그것들이 가지고 있는 강한 향과 강한 성질이 재료가 가진 성질을 너무 많이 흩트리고 향과 맛을 느낄 수 없게 만들기 때문이에요.

오신채 없이 시원하고 아삭하게 담근 다섯 가지 김치

밥상에서 빠진다는 건 상상할 수도 없을 만큼 우리와 친숙하고 또 기본이 되는 반찬이 김치입니다. 김치가 얼마나 또 어떻게 좋은지는 우리나라 사람이면 다 아는 사실입니다. 지금 우리가 주로 먹는, 고춧가루를 넣은 김치는 역사가 그리 오래되지는 않았다고 합니다. 고추를 본격적으로 사용하기 시작한 것이 임진란 전후였다고 하니까요. 그전에는 겨자나 산초 등의 향신료로 김치를 담갔을 거라고 합니다. '평화가 깃든 밥상'에서도 파, 마늘 등의 오신채를 사용하지 않고 김치를 담급니다.

오신채를 쓰지 않는 이유에 대해서 많은 분들이 궁금해 하는데, 마늘과 젓갈의 좋은 점을 무시하려는 게 아니고 그것들이 가지고 있는 강한 향과 강한 성질이 재료가 가진 성질을 너무 많이 흩트리고 향과 맛을 온전히 느낄 수 없게 만들기 때문이에요.

잘 발효되어 곰삭은 김치 특유의 맛에 샐러드처럼 신선한 식감이 조화를 이룬 것이 '평화가 깃든 밥상'의 김치입니다. 고춧가루를 넣은 배추 통김치와 시원하고 담백한 맛이 나는 배추 백김치, 과일보쌈김치와 오미자물김치, 장김치 등은 《평화가 깃든 밥상》 첫 번째 책에 소개했기에 여기서는 다른 종류의 여러 김치를 선보입니다.

밭에서 바로 뽑은 열무라면 굳이 레시피가 따로 필요하지 않을 만큼 어떻게 버무려도 맛이 있지만, 김치 맛의 중요한 비결은 유기 농법으로 길러진 신선한 재료에 있습니다. 굳이 열무김치가 아니더라도 모든 김치에 해당되는 조건이지요.

  오이, 깻잎, 총각무 등으로 계절 김치를 담가 신선하고 향긋한 맛을 즐기기도 하는데, 이때 사용하는 양념 또한 중요한 역할을 합니다. 가장 기본이 되는 양념이 앞에서도 설명한 약초맛물과 간장이에요. 약초맛물을 넣어 풀을 쑤면 특유의 약성으로 김치를 오랫동안 아삭하게 해주고 시원한 맛을 유지시켜 줍니다. 또한 젓갈 대신 발효 맛을 내는 간장 역시 중요한데, 햇볕에 잘 달여져 달착한 맛이 나는 묵은 간장이 좋습니다. 고춧가루도 깨끗하게 잘 말려진 것으로 태양초면 더욱 좋겠지만, 사실 요즘 태양초를 구하기란 쉽지 않아서 잘 아는 농가에서 직접 농사 지은 고추를 사다 씁니다. 그리고 현미찹쌀, 보리, 차조, 기장, 수수를 빻아서 만든 오곡가루로 풀을 쑤면 발효되면서 깊고 시원한 맛이 더해집니다. 여기에 생강이나 풋고추를 보태어 톡 쏘는 매운 맛을 즐기기도 하지요.

  이렇게 기본 재료들만 잘 준비하면 김치 담그기는 훨씬 수월해집니다. 여기에 싣지 못한 수없이 많은 김치 종류가 있지만, 한 가지라도 담그는 방법을 제대로 터득하면 모든 김치에 적용할 수 있으리라 봅니다. 하나하나씩 만들어보면서, 또 여러 가지 새로운 재료들로 맛을 더해보면서 자신만의 김치를 만들어보는 것도 요리의 색다른 즐거움이 될 것입니다.

아삭아삭 신선한
총각무김치

TIP | 열무김치도 같은 방법으로 담그면 맛있다. 오곡가루가 없으면 보릿가루나 수수가루, 현미가루 등으로 대체할 수 있다.

| 재료 | 총각무 1단, 소금 1큰술, 오곡가루 2컵(만드는 법은 이 책 21쪽), 고춧가루 1/2컵, 원당 4큰술, 집간장 1/2컵, 다진 생강 1/2큰술, 약초맛물 2컵, 물 1/2컵

1 총각무는 손질해 깨끗이 씻어 쪼갠다.
2 1에 소금을 뿌려 2시간 정도 절였다가 건져서 물기를 뺀다.
3 물 1/2컵에 갠 오곡가루를 끓는 약초맛물에 풀어 넣고 풀을 쑤어 식힌다.
4 3에 고춧가루와 간장, 원당, 다진 생강을 넣고 양념장을 만든다.
5 절여놓은 총각무에 양념장을 넣어 버무린다.

약이 되는 귀리로 담근
열무 물김치

| 재료 | 열무 1단, 풋고추 5개, 홍고추 5개, 생강 1조각, 귀리 2컵, 집간장 1컵, 산야초 발효액 1/2컵(만드는 법은 이 책 23쪽), 약초맛물 4ℓ

1 귀리를 2시간 정도 물에 불린 다음 분쇄기에 간다.
2 냄비에 약초맛물을 붓고, 끓으면 분쇄기에 간 귀리를 넣고 풀을 쑤어 식혀둔다.
3 열무는 잘 손질하여 씻어놓고, 풋고추, 홍고추는 어슷 썰고, 생강은 다진다.
4 준비한 귀리 풀에 간장과 산야초 발효액을 넣고 다진 생강과 썰어놓은 고추를 넣는다.
5 4를 열무에 붓고 하루나 이틀 실온에서 삭힌 다음 냉장고에 저장해 두고 먹는다.

TIP 1 귀리는 서양의 오트밀과 같은 것인데, 우리나라에서 생산되는 유기농 귀리는 오트밀보다 더 맛있고 효능도 좋다. 특히 섬유질과 무기질이 풍부하고 항암 성분이 많으며, 당뇨나 고혈압에도 좋다. 귀리를 쉽게 구할 수 없다면 보리로 대체해도 구수한 맛을 즐길 수 있다.

TIP 2 열무김치를 담글 때 열무를 절이지 않고 담그면 풋내도 나지 않고 아삭거리는 맛을 즐길 수 있다. 여름에는 열무 물김치에 국수도 말아먹고, 강된장과 열무김치를 송송 썰어 넣은 보리 비빔밥도 별미로 즐길 수 있다.

충무 김밥의 짝꿍
무비지미

TIP | 이렇게 담근 김치는 바로 먹어도 맛있는데, 저장하여 두고 먹으려면 무를 소금에 잠시 절였다가 물기를 짜고 오곡가루로 쑨 풀에 집간장, 산야초 발효액, 고춧가루를 넣어 버무린다. 이때 겨자 잎을 곁들여 담그면 톡 쏘는 맛과 색의 어울림이 입맛을 당긴다. 총각무로 담가도 맛있다.(오곡가루 만드는 법은 이 책 21쪽, 산야초 발효액 만드는 법은 이 책 23쪽 참조)

| 재료 | 무 1개, 미나리 1줌, 현미 식초 1/2컵, 원당 1/2컵, 구운소금 2큰술, 고춧가루 3~4큰술, 집간장 2큰술

1 무는 연필 깎듯 돌려가며 썰어놓는다.
2 1에 식초, 원당, 소금을 넣고 20분 정도 절인다.
3 미나리를 깨끗이 손질하여 3~4cm 길이로 썬다.
4 무가 골고루 절여지면 물기를 짜내고 미나리를 넣은 다음 고춧가루와 간장으로 버무린다.

언제 먹어도 상큼한
오이소박이

TIP | 오이소박이는 생으로 먹어도 맛있고 삭혀 먹어도 맛있다. 외국인들도 좋아하는 샐러드 느낌의 김치다.

| 재료 | 오이 4개, 미나리 1단, 집간장 2/3컵, 고춧가루 4큰술, 산야초 발효액 2큰술(만드는 법은 이 책 23쪽)

1. 잘 씻은 오이를 2cm 정도로 썰어서 십자로 칼금을 넣은 다음 20분 정도 간장에 절인다.
2. 미나리는 잘게 썰어서 준비한다.
3. 절인 오이를 건져내고 그 국물에 고춧가루와 미나리, 산야초 발효액을 넣고 버무려 양념속을 만든다.
4. 3을 오이 속에 박아 넣어서 완성하고 냉장 보관하여 두고 먹는다.

소박한 촌색시 같은 맛
깻잎김치

| 재료 | 깻잎 60장, 노랑·주황 파프리카 각 1/2개, 생강 1조각, 풋고추 3개, 집간장 5~6큰술, 산야초 발효액 3큰술(만드는 법은 이 책 23쪽)

1 깻잎은 잘 씻어서 준비한다.
2 파프리카는 1cm 길이로 채 썰고, 생강과 고추는 다진다.
3 간장에 산야초 발효액을 넣고 준비한 2를 넣어서 양념장을 만든다.
4 깻잎에 양념장을 켜켜이 바르고 바로 냉장 보관하여 두고 먹는다.

TIP | 깻잎의 향과 신선함이 그대로 느껴지는 고급스러운 맛을 즐길 수 있다. 파프리카는 비타민 C의 함량이 높고 색이 고아서 김치의 부재료로 즐겨 쓰는데, 김치 맛을 시원하게 해준다.

자연 요리 알고 만들기 6

슬로 푸드의 원조, 발효 양념

우리나라 음식의 특징은 효모가 많은 발효 양념으로 맛을 낸 건강한 음식이 많다는 거예요. 다양한 발효 양념을 우리나라만큼 즐겨 쓰는 나라도 없는데, 우리나라 발효 역사는 삼국시대로 거슬러 올라갈 만큼 오래되었습니다.

발효 양념의 대표적인 것이 된장과 간장, 식초입니다. 이 양념들을 빼고서는 우리 음식을 말할 수가 없어요. 서구식 식생활 패턴으로 생긴 병을 고치기 위해서는 음식 섭취 방법이 달라져야 하는데, 그 첫 번째가 햇볕과 바람으로 숙성시킨 집간장과 된장, 천연 식초로 만든 음식을 먹는 것이에요. 그 다음엔 육류와 육류 가공품, 그리고 그 외 가공 식품과 지지고 볶고 튀기는 요리를 덜 먹어야 합니다.

또 대사 분해 작용이 좋지 않으면서, 영양은 없고 칼로리만 있는 단당류(백설탕) 대신 다당류 양념으로 바꿔야 해요. 다당류에는 엿기름으로 졸인 조청과 꿀이 있고, 사탕수수에서 추출한 당 그대로인 원당이 있어요. 가공하지 않은 원당에는 미네랄과 비타민이 다량 함유되어 있어 영양 면에서도 좋고 맛도 좋습니다.

그리고 이보다 더 좋은 게 열매나 뿌리, 잎들을 초 발효하거나 알코올 발효, 당 발효하여 만든 발효액이에요. 특히 원당을 시럽으로 만들어 당 발효시킨 발효액은 단맛을 내는 양념으로 아주 유용하게 쓰입니다. 특히 들과 산에서 흔히 보는 먹을 수 있는 들풀들을 시럽에 발효시킨 산야초 발효액은 우리 몸 에너지를 활성화해 주는, 여러 모로 쓰임이 많은 양념입니다. 그러기에 만들 때도 정성을 들여야 합니다. 하나의 생명체인 미생물들을 키우는 일이기에 자연 환경도 중요하고 보살핌에도 민감합니다. 오전엔 아침 햇살이 듬뿍 들어오고, 오후엔 그늘지고 바람이 잘 통하는 곳에 두어야 미생물의 움직임이 활발해집니다. 이렇게 오랜 시간 공들여 만든 발효 미생물이 풍부한 양념은 그 자체로 훌륭한 슬로 푸드가 됩니다.

유기농 제품을 살 수 있는 곳

유기 농산물은 가족의 생명과 건강을 위할 뿐만 아니라 땅과 물, 공기에도 좋은 영향을 끼칩니다. 값이 좀 비싼 듯해도 많은 농부들이 유기농 농법으로 생산할 수 있도록 도시 소비자가 관심을 가져주는 게 우리 모두의 삶을 풍요롭게 하리라고 봅니다. 또 어떤 재료는 생각보다 비싸지 않으니 잘 살펴보세요. 여기서 소개한 단체나 가게 외에도 가까운 곳에 유기농 매장이 있다면 관심을 가지고 들러보세요.

친환경·유기농 가게 '농부로부터' www.fromfarmers.co.kr, 031-949-9353

'농부로부터'는 유기농 20년의 '(사)흙살림'과, 농사의 아름다움과 가치를 재발견해 온 '(주)쌈지농부'가 함께 마련한 새로운 농산물, 식품 유통 매장이다. 서울과 충북의 두 사회적 기업의 전문성과 경험이 단단히 결합된 '농부로부터'는 농사에서 우리가 배워야 할 철학을 담아 〈소중한 우리 것 토종, 숨쉬는 먹거리 발효 식품, 못생겨도 건강한 '생긴대로' 농산물〉 등 의미 있는 상품을 구성하여 소비자를 찾아간다. 특히 '생긴대로'가 소비자들에게 큰 인기를 끌고 있는데, '생긴대로'는 흠집이 나고 모양새가 예쁘지 않아 버려지는 농산물을 가리키는 말로, 생산자는 판로를 해결하고 높은 물가 때문에 고민하는 소비자들은 필요한 농산물을 저렴한 가격에 살 수 있다. 겉모양새로 가치를 결정하는 시선에서 조금만 벗어나면 세상에는 우리가 여유롭게 누릴 수 있는 것이 한 겹 더 늘어난다는 마음을 담아 단순한 유기농 매장이나 유통에 머물지 않고 새로운 문화 캠페인의 걸음을 떼고 있다.

아이쿱(iCOOP)생협 www.icoop.or.kr, 1577-6009

아이쿱(iCOOP)생협은 소비자들이 만들어가는 비영리 소비자 단체로 생산자와의 직거래를 통해 소비자에게 국내산 친환경 유기농 농산물을 공급하고 있다. 오랫동안 교류해 온 생산자와 협의하여 계획 생산을 실시하고 식품안전 기준을 만들어가고 있으며, 투명하고 안전한 생산·유통 과정인 'A마크' 인증을 통해 생산자, 재배, 필지, 유통 이력 등을 온라인에서 공개하고 있다. 1,200여 가지에 달하는 아이쿱생협의 친환경 물품은 홈페이지를 통해 쉽고 편리하게 이용할 수 있으며, 전국 iCOOP자연드림 매장에서도 구입할 수 있다. 친환경·유기농 인증 농산물 외에도 무항생제·유기인증 축산물과 우리밀 베이커리, 유기 가공식품 외에 설탕, 커피, 초콜릿 등 '공정무역 물품'도 만날 수 있다.

한살림 www.hansalim.or.kr, 1661-0800

1986년에 작은 쌀가게로 시작한 한살림은 안전한 먹거리를 나누기 위해 도시와 농촌의 회원들이 함께 뜻을 모으고 활동하는 비영리 단체이다. 주로 생활협동조합 형태로 운영되고 있는 지역 한살림에서는 도시 회원들이 안전한 밥상차림을 중심으로 친환경적인 생활 실천 운동을 펼치고 있으며, 지역의 특성에 맞게 다른 시민 단체들과도 연대하여 자연과 생명을 지키는 활동을 전개하고 있다. 구매할 수 있는 물품은 각종 유기농산물을 비롯해 친환경 축수산물과 가공 식품, 화장품, 생활용품, 도서 등이 있으며, 일반 조합원들의 참여 속에서 까다롭게 생산·관리되고 있다. 온라인, 오프라인 매장에서 구입이 가능하다.

두레생협연합   www.dure.coop, 02-3283-7290

두레생협연합은 서울, 경기, 인천 지역의 조합원들에게 사전 주문제를 통한 공동 구매와 산지 직거래 방식으로, 안전하고 믿을 수 있는 우리 농수축산물과 가공 식품, 생활용품 등을 60여 개의 '그루터기나눔(매장)'과 '개별나눔(택배)'의 방식으로 공급하고 있다. 조합원 가입과 구입 문의는 홈페이지를 참조하면 된다.

여성민우회생협   www.minwoocoop.or.kr 02-581-1675

여성민우회생협에서는 설탕이 아닌 쌀조청으로 맛을 낸 과자, 껍질째 먹는 사과, 착한 땅에서 자란 쌀과 잡곡 등 친환경 농산물을 이용하여 만든 다양한 가공 식품 생활재(물품)를 판매하고 있다. 생협의 생활재는 원료 조사, 정확한 원산지 표기, 전문 기관을 통한 성분 분석 등을 통해 생활재에 대한 모든 정보가 조합원들에게 공개된다. 또한 조합원들은 생협 내 '생활재위원회'에 참여하여 생활재의 선정에서부터 관리, 이용, 개선 방향에 이르기까지 자신의 관점에서 먹거리를 직접 선정하고 관리하는 이용 주체로 설 수 있다. 전화나 홈페이지 주문으로 공급받을 수 있고, 지역 매장에서 직접 구입할 수도 있다.

인드라망생협   www.indramangcoop.or.kr 02-576-1882

인드라망생협은 불교계에 있는 생협으로, "세계는 서로 연관되어 있어 혼자서는 살아갈 수 없고 모두가 더불어 살아야 그 존재 가치를 가질 수 있다"는 취지 아래 귀농자의 물품, 소농으로 농사짓는 공동체의 물품을 우선 취급한다. 물품 구입 방법은 홈페이지나 전화로 주문 가능하고, 사찰매장(봉은사, 석왕사, 화계사, 능인선원, 맑고향기롭게 등)을 이용할 수 있다.

옹기뜸골   055-943-3291, 010-2573-0622

경남 거창 금원산 자락에서 장을 빚고 있는 곳으로, 맑은 물과 양명한 산바람이 옹기 속에 스며들어 한층 깊은 맛을 우려낸다. 생산품은 메주, 된장, 간장, 고추장, 청국장이다. 2012년부터는 발효 마을을 만들어 씨장(종자장), 겹장, 진간장과 대나무간장을 빚을 예정이다. 특히 씨장(종자장)은 마을의 대동계 형식을 통해 종자 보급소 역할을 할 계획이다.

샨티의 뿌리회원이 되어
'몸과 마음과 영혼의 평화를 위한 책'을 만들고 나누는 데
함께해 주신 분들께 깊이 감사드립니다.

뿌리회원(개인)

이슬, 이원태, 최은숙, 노을이, 김인식, 은비, 여랑, 윤석희, 하성주, 김명중, 산나무, 일부, 박은미, 정진용, 최미희, 최종규, 박태웅, 송숙희, 황안나, 최경실, 유재원, 홍윤경, 서화범, 이주영, 오수익, 문경보, 최종진, 여희숙, 조성환, 김영란, 풀꽃, 백수영, 황지숙, 박재신, 염진섭, 이현주, 이재길, 이춘복, 장완, 한명숙, 이세훈, 이종기, 현재연, 문소영, 유귀자, 윤홍용, 김종휘, 이성모, 보리, 문수경, 전장호, 이진, 최애영, 김진희, 백예인, 이강선, 박진규, 이욱현, 최훈동, 이상운, 이산옥, 김진선, 심재한, 안필현, 육성철, 신용우, 곽지희, 전수영, 기숙희, 김명철, 장미경, 정정희, 변승식, 주중식, 이삼기, 홍성관, 이동현, 김혜영, 김진이, 추경희, 해다운, 서곤, 강서진, 이조완, 조영희, 이다겸, 이미경, 김우, 조금자, 김승한, 주승동, 김옥남, 다사, 이영희, 이기주, 오선희, 김아름, 명혜진, 장애리, 한동철, 신우정, 제갈윤혜, 최정순, 문선희

뿌리회원(단체/기업)

주/김정문알로에 한경재단 design Vita PN풍년

사단법인 한국가족상담협회·한국가족상담센터   생각과느낌 소아청소년 성인 몸 마음 클리닉

경일신경과 | 내과의원   순수피부과 Soonsoo Skin Clinic   월간    FUERZA

이메일로 이름과 전화번호, 주소를 보내주시면 샨티의 신간과
각종 행사 안내를 이메일로 받아보실 수 있습니다.

전화 : 02-3143-6360 팩스 : 02-338-6367
이메일 : shantibooks@naver.com